Wiesen-Storchschnabel mit Widderchen

Wiesenblumen schützen

Anregungen für den Arten- und Biotopschutz.
Tips für die Blumenwiese im Garten

Wegweiser
durch den Bestimmungsteil

Tüpfelhartheu

**Blaublütiges von der Blumenwiese:
Wiesen-Glockenblumen zeigen ihre Blüten
in allen Lebenslagen von der Knospe bis
zur Vollentfaltung.**

GU Naturführer

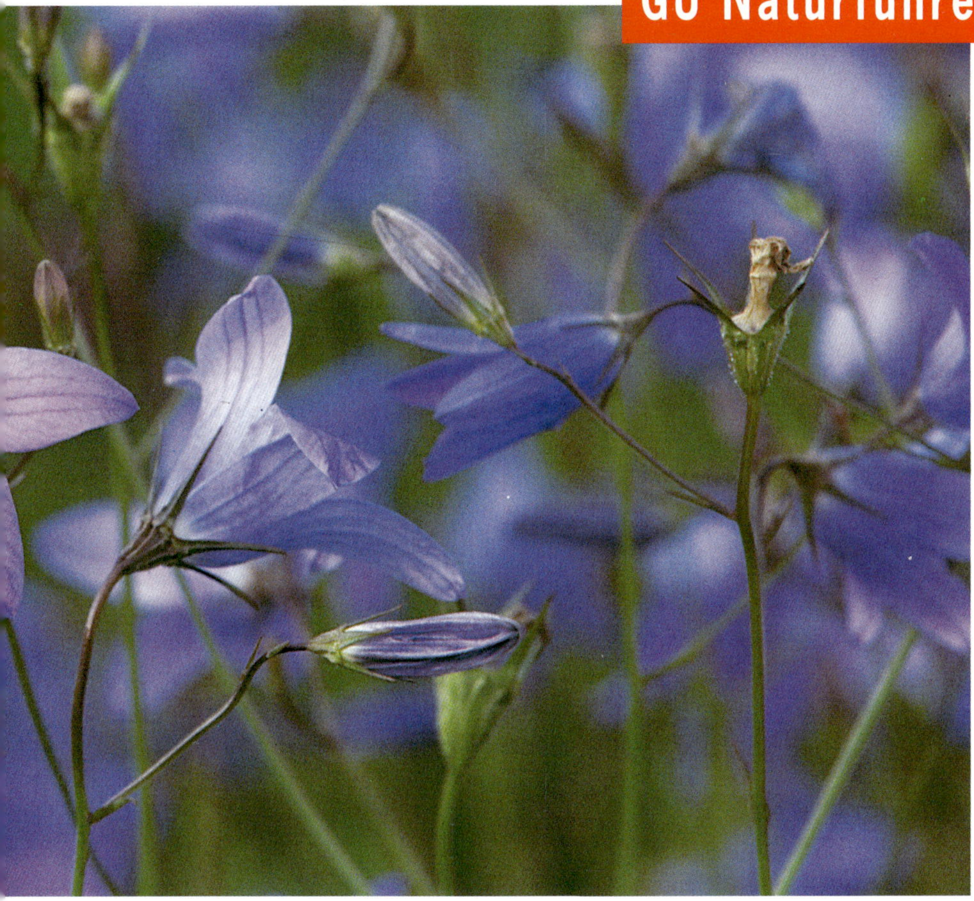

Wiesenblumen

Bruno P. Kremer

Die wichtigsten Wiesenblumen und die schönsten Blumenwiesen Mitteleuropas kennenlernen, erleben, schützen.

230 Naturfarbfotos bekannter Naturfotografen
30 Zeichnungen von György Jankovics

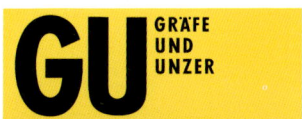

GU GRÄFE UND UNZER

Inhalt

Tautropfen, in denen sich Margeriten und Kuckuckslichtnelken spiegeln.

◄ **Foto Umschlagvorderseite:
Blühende Mähwiese.**
◄ **Foto Seite 2/3: Paradieslilien
am Monte Baldo.**

Ein Wort zuvor

Wiesenblumen sind Naturschönheiten, deren Anblick uns jedes Jahr aufs neue beglückt. Durch bunte Blumenwiesen wandern, begleitet vom Duft der Wildkräuter und dem Gesang der Grillen – das sind Naturerlebnisse, die man immer wieder haben möchte.

Noch schöner und intensiver werden Naturspaziergänge, wenn man sie nach dem Motto erlebt: „Mehr wissen, mehr sehen, mehr erleben". Dabei soll Ihnen dieser neue GU Naturführer helfen. Sie finden darin die schönsten Wiesenblumen-Arten Mitteleuropas in naturgetreuen Farbfotos und leicht erfaßbaren Steckbrieftexten. Mit dem GU Kennfarben-Code wird das Bestimmen leicht gemacht: Sämtliche Blumenarten sind nach Blütenfarben geordnet, farbige Kennstreifen signalisieren die Farbgruppe Blau, Gelb, Rot und Weiß.

Der neue GU Wiesenblumen-Führer ist aber zugleich eine spannende Lektüre. Da werden die unterschiedlichen Typen unserer Natur- und Kulturwiesen vorgestellt, Blüten- und Blattformen leicht verständlich erklärt. Dazu ein Blick in das Leben unserer Wiesenblumen – mit Farbfotos, Farbzeichnungen und Berichten zum Staunen.

Wer etwas für den Schutz unserer gefährdeten Wiesenblumen tun möchte, findet im Ratgeberteil Anleitungen für die Ansiedlung von Wiesenblumen im eigenen Garten, und er lernt, wie artenreiche Wiesen in freier Natur am wirkungsvollsten geschützt werden können.

Viel Freude bei erlebnisreichen Wiesenspaziergängen wünschen der Autor und die GU Naturbuch-Redaktion.

Bergwiesen gehören zu den farbenprächtigsten und artenreichsten Wiesen.

Wiesenblumen kennenlernen

Eine üppige Wiese besteht nicht nur aus einförmigen Grashalmen, sondern aus Dutzenden verschiedener Wiesenblumen – mal ganz in Gelb und dann wieder in Weiß, mal bevorzugt in Blau oder reißerisch in Rot. Die Vielfalt kann man nicht nur sehen, man kann sie auch riechen, fühlen und manchmal sogar schmecken. Mit Sicherheit ist sie auch zu hören, denn allerhand Kleingetier fliegt summend von Blüte zu Blüte. Wiesenblumen kann man nicht aus Büchern kennenlernen, höchstens ihre Namen und Kenndaten. Blumen muß man erleben. Sehen, wie Schmetterlinge zu Besuch kommen, Raupen an den Blättern knabbern und andere Insekten im Stengelgewirr herumklettern.

Blüten – ein Höhepunkt im Pflanzenleben

Eine typische, ganz normale Landpflanze besteht immer aus den drei Grundorganen Wurzel, Stengel und Blatt. Der Einfallsreichtum der Natur hat dieses einfache Standardmodell einer Pflanze allerdings vielfach abgewandelt. So gibt es bei den verschiedenen Pflanzenarten alle möglichen Stengelformen zwischen fadendünn und knüppeldick, dazu auch ganz unterschiedliche Wuchsformen vom liegenden Bodenkriecher über den räkelnden Kletterer bis hin zur aufrechten Stange. Bei den Blättern ist die Vielfalt sogar noch größer. Größe und Gestalt sind so verschieden, daß man danach sogar einzelne Pflanzenarten bestimmen kann.

Außer Wurzeln, Stengeln und grünen Blättern tragen Pflanzen aber auch noch Blüten. Die Blüte ist gleichsam der Höhepunkt im Leben der Pflanze, denn es sieht so aus, als liefen alle Anstrengungen des Wachsens und Werdens nur auf die Entwicklung von Blüten hinaus.

Die Blüten sitzen immer ganz oben an der Pflanze, entweder am Stengelende oder an den Spitzen von Seitenzweigen. Dieser Platz ist kein Zufall, denn Blüten wollen und müssen gesehen werden.

Manche Wiesenblumen, zum Beispiel die Schachblumen (→ Seite 81), begnügen sich mit einer einzelnen, dann aber besonders üppig geratenen Blüte. Andere, beispielsweise der Scharfe Hahnenfuß (→ Seite 128) oder der Wiesen-Storchschnabel (→Seite 110), entwickeln ihre Blüten mindestens im Dutzend.

Große Stände – kleine Sträuße

Trägt der Stengel mehrere oder sogar sehr zahlreiche Blüten, spricht man von einem Blütenstand. Schon eine einzelne Pflanze sieht dann aus wie ein kleiner Blumenstrauß. Man kann zwei wichtige Grundformen unterscheiden: Die Blütentraube, bei der an jedem (kürzeren oder längeren) Seitenzweig nur eine einzige Blüte sitzt, und die Blütenrispe, bei der die Seitenzweige ihrerseits verzweigt sind und folglich immer mehrere Einzelblüten tragen. Traubige Blütenstände findet man beispielsweise beim Wiesen-Salbei (→ Seite 123) oder beim Gemeinen Leinkraut (→ Seite 143), Rispen beim Echten Labkraut (→ Seite 126) oder bei der Rundblättrigen Glockenblume (→ Seite 112).

Nichts wäre langweiliger, als die Befolgung starrer Regeln. Daher gibt es auch nicht nur Trauben oder Rispen, sondern eine ganze Reihe von Abwandlungen, die Vielfalt und Variantenreichtum ins Spiel bringen.

Die Einzelblüten einer Traube können beispielsweise allesamt an das Stengelende aufrücken. Auf diese Weise entsteht eine Dolde wie beim Wiesen-Hornklee (→ Seite 142) oder – wenn die Blüten sehr kurz gestielt sind – ein Köpfchen wie beim Gemeinen Wundklee (→ Seite 142).

Auch von der Rispe hat die Natur eine ganze Modellserie entworfen. Wenn sich die Blütenstiele gerade so weit verlängern, daß alle Einzelblüten ungefähr auf eine Höhe kommen – wie bei der Stoffbespannung eines Regenschirmes – entsteht eine Schirmrispe wie etwa bei der Schafgarbe (→ Seite 97). Der natürliche Variantenreich-

ABC der Blätter

Zum Bestimmen von Blüten-
pflanzen sind sehr oft auch die
Blätter wichtig:
Wie stehen sie am Stengel?
Sind sie ganzrandig oder
nicht? Sind sie zusammengesetzt oder einfach?

Blattachsel: Der vom Stengel
bzw. von einem Stengelteil und
einem ansitzenden Blatt gebil-
dete Winkel.

Blattgrund: Der an den Stengel
angrenzende unterste Teil des
Blattes, der häufig auch Ne-
benblätter entwickelt.

Blattstellung: Anordnung der
Blätter am Stengel.

Blattstiel: Meist runder, stengel-
artiger Teil des Blattes, fehlt bei
sitzenden Blättern.

Teilblatt: Einzelblatt eines zusammengesetzten Blattes.

**Blattformen und
Blattstellungen** ▶

Wechselständig
pfeilförmig

Handförmig
geteilt

Spatelig

Pfeilförmig

Gegenständig
oval

Herzförmig

Dreizählig
gefingert

Lanzettlich

Nierenförmig

Elliptisch

Linealisch

Eiförmig

Grob
gezähnt

tum läßt sich leider – oder Gott sei Dank – nicht einfach auf ein paar wenige Schubladen verteilen. Schon die Weiße Taubnessel (→ Seite 103) fällt aus dem Rahmen, denn ihre großen Einzelblüten gruppieren sich wie die Borsten einer Flaschenbürste etagenweise auf kurzen, verzweigten Stielchen. Bei Mädesüß (→ Seite 99), Frauenmantel (→ Seite 132) oder Kuckucks-Lichtnelke (→ Seite 74) werden die Blütenstellungen noch wesentlich unübersichtlicher. Ein Musterbeispiel klarer Architektur sind dagegen die Blütenstände von Wilder Möhre (→ Seite 93) und Wiesen-Kerbel (→ Seite 92): Ihr Stengel verzweigt sich am oberen Ende springbrunnenartig in mehrere gleichartige Stiele, und jeder dieser Stiele macht es an seinem Ende ebenso: Diesen Blütenstand, der mehrstufig aufgebaut ist wie ein Sylvesterfeuerwerk, nennt man eine zusammengesetzte Dolde. Er ist das besondere Erkennungsmerkmal einer ganzen Pflanzenfamilie, der Doldenblütengewächse.

Auch Blüten sind nur Blätter

Obwohl sie so gänzlich anders aussehen, bestehen auch die Blüten aus nichts anderem als verschiedenen Blättern. Allerdings sind die Blütenblätter ihren speziellen Aufgaben entsprechend besonders zugeschnitten und ausgestaltet. Nach ihrer Aufgabenstellung kann man die Blütenblätter in zwei Gruppen unterteilen – in solche, die mit der Fortpflanzung der Wiesenblumen zu tun haben, und in solche, die gleichsam nur als Verpackung der Fortpflanzungsorgane dienen. Die für die geschlechtliche Vermehrung zuständigen Blütenteile sind die Staubblätter und die Fruchtblätter. Für deren Schutz und Verpackung sorgen die verschiedenen Blätter der Blütenhülle.
Sehen wir uns zunächst ein wenig die Fortpflanzungsorgane einer Blüte an.

Staubblätter: Zum Platzen voll Pollen
Staubblätter sehen stark vergrößert aus wie lange Stangen, an deren oberem Ende ein prall gefüllter Behälter, der Staubbeutel oder Pollensack, sitzt oder baumelt. In den Staubbeuteln produziert die Blüte den Blütenstaub (Pollen). Pollen sind staubfeine Körnchen, aber beileibe nicht nur einfach mikroskopisch kleine Pingpongbälle, sondern äußerst verschiedenartige Gebilde. Manche sehen aus wie winzige Frühstücksbrötchen, andere erinnern an vielspitzige Morgensterne oder an besonders flauschige Pfirsiche. Rund 500 bis 1000 Pollenkörner finden auf einem Stecknadelkopf ganz bequem Platz.
Die Staubblätter sind in den Blüten meist in großer Anzahl vorhanden, manche Pflanzenarten beschränken ihre Staubblattzahl aber auch. Bei der Gras-Sternmiere (→ Seite 89) sind es zehn, beim Wiesen-Schaumkraut (→ Seite 70) sechs, bei der Wiesen-Glockenblume (→ Seite 112) fünf und beim Gamander-Ehrenpreis (→ Seite 109) nur zwei. Die Staubblätter können entweder farbgleich mit den übrigen Blütenblättern sein, beispielsweise bei der Sumpf-Dotterblume (→ Seite 133), oder kontrastreich abgesetzt, wie bei der Himmelsleiter (→ Seite 111). Fast jede Pflanzenart hat auch ihre besondere Methode, den Pollen zu entlassen und zu verbreiten. Manche Staubbeutel öffnen sich nach Art eines Reißverschlusses an Längsnähten und setzen so ihren Inhalt an die Luft. Andere schütten wie ein Salzstreuer ihren Pollen aus Löchern im Staubbeutel. Die Staubblätter sind der männliche Teil der Blüte.

Zum Knoten vereint: Fruchtblätter
Die Fruchtblätter nehmen in der Blüte eine ganz zentrale Stelle ein, denn sie stehen immer genau in deren Mitte. Bei allen Blütenpflanzen sind die Frucht-

Was Blüten so hinblättern

Blumensträußchen in der Blüte: Gemeine Küchenschelle.

blätter zu einem Fruchtknoten geschlossen. Ihre Ränder sind verwachsen und formen aus dem ursprünglich flächigen Blatt eine Hohlkugel. Im Inneren dieser Kugel befinden sich die Samenanlagen. Beim Scharfen Hahnenfuß (→ Seite 128) wird jedes vorhandene Fruchtblatt zu seinem eigenen Fruchtknoten. In der Hahnenfußblüte findet man daher ein ziemliches Gedränge grünlichgelber Knötchen vor. Bei den meisten anderen Wiesenblumen dagegen entsteht aus mehreren Fruchtblättern jeweils nur ein Fruchtknoten, sehr schön zu sehen beim Taubenkropf-Leimkraut (→ Seite 90) oder beim Beinwell (→ Seite 72). Gewöhnlich verlängert sich der Fruchtknoten in einen

Zum Bild: Aus der Entfernung sind Blüten einfach nur bunte Farbtupfer auf grünem Hintergrund. Erst aus der Nähe zeigt sich ihr Strukturreichtum. Bei der Küchenschelle bilden die vielen gelben Staubblätter einen hübschen Farbkontrast zu den blauen Blütenblättern.

stielartigen Abschnitt, den Griffel, an dessen oberem Ende die Narbe, eine lappige, mützenartige oder polsterförmige Anschwellung sitzt. Zur erfolgreichen Bestäubung (Befruchtung) müssen auf dieser Narbe Pollen einer anderen Blüte der eigenen Art landen. Der Fruchtknoten mit seinen Bestandteilen ist der weibliche Teil der Blüte.

Wiesenblumen kennenlernen

Auf den Inhalt kommt es an

Normalerweise enthalten die Blüten der Wiesenblumen sowohl Staubblätter als auch Fruchtknoten, also männliche und weibliche Bestandteile.

- Blüten mit vollem Programm, mit männlichen Staubblättern und weiblichen Fruchtknoten, nennt man zwittrig oder Zwitterblüten.
- Eingeschlechtig sind dagegen Blüten, die entweder nur Staubblätter oder nur Fruchtknoten enthalten und damit eindeutig männlich oder weiblich sind. Dies kommt beispielsweise bei der Weißen Lichtnelke (→ Seite 91) vor.
- Getrennte männliche und weibliche Blüten auf ein und derselben Pflanze, wie dies bei vielen Waldbäumen vorkommt, gibt es bei den Wiesenblumen nicht.

Schutzmantel und Leuchtsignal Blütenhülle

Für eine Blütenpflanze ist es außerordentlich wichtig, die empfindlichen Staubblätter und Fruchtknoten während ihrer Entwicklung gut zu schützen und nach der Fertigstellung entsprechend hervorzuheben. Beide Aufgaben erfüllt die Blütenhülle. Bei den meisten Wiesenblumen gliedert sie sich in zwei Teile: Den außen (oder unten) liegenden, grünen Kelchblättern und den innen (beziehungsweise oben) sitzenden, auffallend bunten Kronblättern.

Vom Kelch...

Auf die Kelchblätter achtet man meistens gar nicht, weil sie nur wenig in Erscheinung treten. Gut sichtbar sind sie meist nur, solange die Blüte noch in Knospe steht und fest und sicher in ihnen verpackt ist. Öffnet sich die Blüte, dann rücken die Kelchblätter in den Hintergrund oder fallen während des Aufblühens gar ab. Gewöhnlich besitzt eine Blüte immer genau so viele Kelch- wie Kronblätter. Die einzelnen Kelchblätter bleiben unverbunden oder verwachsen miteinander zu einem becherförmigen Kelch. Kelchblätter und Kelch müssen nicht unbedingt grasgrün sein und können die verschiedensten Formen bilden. Bei der Roten Lichtnelke (→ Seite 74) zum Beispiel ist der Kelch kräftig bräunlichrot gefärbt. Beim Gemeinen Leimkraut (→ Seite 90) ist der Kelch deutlich angeschwollen und trägt eine hübsche Aderzeichnung. Auch bei den Schlüsselblumen (→ Seite 130) tritt der bauchige, bleichgrüne Kelch sichtlich in den Dienst der Blütenausgestaltung.

...zur Krone

Das Erscheinungsbild einer Blüte wird weitgehend von den Kronblättern geprägt, die man vereinfachend auch als Blütenblätter schlechthin bezeichnet. Sie setzen die Blütenkrone zusammen und sind mit Abstand die größten Blätter einer Blüte. Am auffälligsten ist jedoch ihre knallige Ausfärbung. Das satte Gelb der Sumpf-Dotterblume oder das tintige Blau mancher Enzian-Arten sind Farben, die sich in jedem Fall vom Hintergrund abheben und ins Auge fallen. Die Zielrichtung ist offensichtlich: Blüten sind nur deswegen so farbenfroh und aufreißerisch, um Besucher anzulocken – flugfähige Insekten, die geschäftig von Blüte zu Blüte eilen und dabei unwillkürlich den Blütenstaub verschleppen und für die Bestäubung sorgen.

Der Blütenkopf des Löwenzahns ▶
hat sich geschlossen. Innen reifen jetzt die vielen kleinen Früchte heran – jede mit einem eigenen, noch gefalteten Fallschirm auf langer, grüner Stange.

Wiesenblumen kennenlernen

Die Sache mit der Symmetrie

Völlig unabhängig von Blütengröße und -farbe lassen sich alle Blüten nach der Kronengestalt auf zwei große Formengruppen verteilen: Entweder sehen sie aus wie Hahnenfuß und Storchschnabel, oder sie erinnern an Rittersporn und Löwenmäulchen. Die entscheidenden Unterschiede zwischen beiden Grundtypen liegen in der Blütensymmetrie. Beim Hahnenfuß-Typ sind die Blütenblätter angeordnet wie die Speichen eines Rades. Durch eine solche Blüte kann man mehrere Symmetrieachsen legen und erhält immer wieder deckungsgleiche Hälften. Die rad- oder sternförmigen Blüten nennt man radiärsymmetrisch. Diese Räder oder Sterne können vierzählig, fünfzählig oder sechs- bis vielzählig sein. Beim Löwenmäulchen-Typ, zu dem auch die Weiße Taubnessel (→ Seite 103) oder der Wiesen-Hornklee (→ Seite 142) gehören, ist nur eine einzige Symmetrieachse möglich, die zwei spiegelbildlich gleiche Blütenhälften ergibt. Sie verläuft in den Blüten senkrecht von oben nach unten. Blüten dieses Bautyps nennt man zweiseitig symmetrisch oder zygomorph.

Einigkeit macht stark

Was könnte eine Pflanze mit sehr vielen kleinen Blüten nun anstellen, um aufzufallen? Eine Lösung dieses Problems zeigen die Doldenblütengewächse, wie etwa der Wiesen-Kerbel (→ Seite 92) oder der Wiesen-Bärenklau (→ Seite 94). Sie bilden große, zusammengesetzte Dolden mit vielen Dutzenden winziger Einzelblüten. Jede dieser Blüten ist für sich betrachtet nur ein kleiner Stern mit fünf kaum auffallenden Kronblättern. Bei den Blütchen, die am Rand der Dolde stehen, sind die nach außen weisenden Kronblätter allerdings wesentlich größer als die in der Doldenmitte. So bringen die vielen Einzelblütchen eine beeindruckende Gemeinschaftsleistung zuwege: Eine Dolde, mit ihren vergrößerten Randblüten aussieht wie eine einzige große Blume von Kaffeetassendurchmesser.

Pflanzen mit Köpfchen

Wiesenblumen aus anderen Pflanzenfamilien gehen ähnlich raffiniert vor. Erstaunliche Wirkungen erzielen dabei vor allem die Korbblütengewächse, beispielsweise die Margerite (→ Seite 100). Ihre großen Blütenköpfe sehen aus wie eine ganz normale, in Form und Farbe wohlgelungene Blüte. Bei genauer Betrachtung mit einer Lupe findet man aber rasch heraus, daß der Blütenkopf aus sehr vielen, dicht zusammenstehenden Einzelblüten besteht. Jedes der gelben Stiftchen in der Blütenmitte ist nämlich eine komplette, selbständige Blüte mit Fruchtknoten, Staubblättern, Krone und Kelch. Weil die gelbe Scheibe in der Mitte der Margerite nur aus solchen Blüten besteht, nennt man sie auch Scheibenblüten. Eine andere Bezeichnung ist Röhrenblüte, weil im dichten Gedränge der Scheibe nur besonders schlanke Blütengestalten Platz finden können. Auch die weißen Randgebilde sind jeweils eigenständige Blüten. Nach Form und Stellung nennt man sie Zungen- oder Randblüten. Sie enthalten meist keine Staubblätter, sind also rein weiblich. Der gesamte Blütenstand mit den Scheiben- und Zungenblüten sieht jedoch aus wie eine einzige, üppige Blüte. Erstaunlich ist auch, daß sich solche vielteiligen, komplexen Blütenstände auch wie eine Einzelblüte verhalten. Die blumigen Blütenköpfe von Gänseblümchen (→ Seite 100) oder Löwenzahn (→ Seite 136) öffnen sich nur bei trockenem, sonnigem Wetter. Bei Regen und auch bei Dunkelheit sind sie dagegen geschlossen - wie man es auch bei Einzelblütenblumen beobachten kann.

ABC der Blüten

Blütenblätter: Allgemeine Bezeichnung für Kelch-, Kron-, Staub- und Fruchtblätter.

Blütenhülle: Kelch- und Kronblätter. Die einfache Blütenhülle besteht nur aus den Kronblättern, die doppelte Blütenhülle aus Kelch- und Kronblättern.

Blütenstand: Blütentragender Teil einer Blütenpflanze.

Dolde: Mehrere gestielte Einzelblüten entspringen in gleicher Höhe am Ende des Stengels.

Rispe: Traubiger Blütenstand, dessen Nebenachsen ebenfalls Trauben bilden.

Traube: Bei diesem Blütenstand sitzen die gestielten Einzelblüten in verschiedener Höhe an einem gemeinsamen Stiel.

Blüten- und ▶ Kelchformen

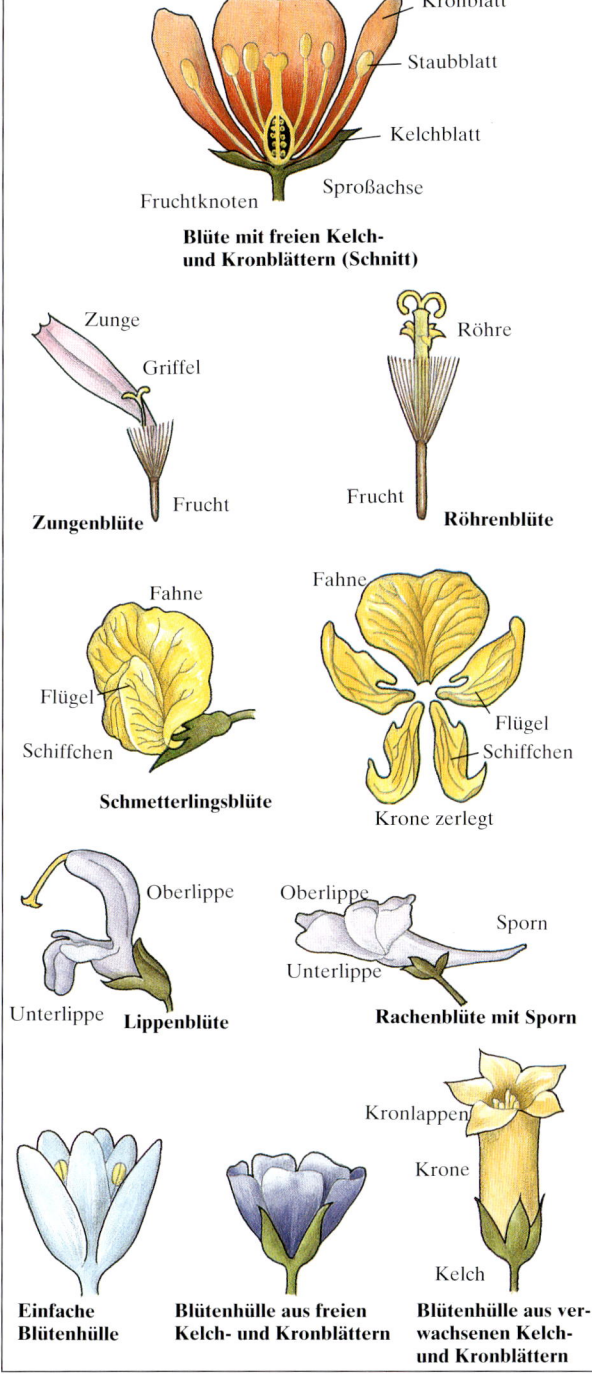

Kronblatt

Staubblatt

Kelchblatt

Sproßachse

Fruchtknoten

Blüte mit freien Kelch- und Kronblättern (Schnitt)

Zunge

Griffel

Frucht

Zungenblüte

Röhre

Frucht

Röhrenblüte

Fahne

Fahne

Flügel

Schiffchen

Flügel

Schiffchen

Schmetterlingsblüte

Krone zerlegt

Oberlippe

Oberlippe

Sporn

Unterlippe

Unterlippe **Lippenblüte**

Rachenblüte mit Sporn

Kronlappen

Krone

Kelch

Einfache Blütenhülle

Blütenhülle aus freien Kelch- und Kronblättern

Blütenhülle aus verwachsenen Kelch- und Kronblättern

17

Bestäubung und Samenverbreitung

Lebhafte Blütenfarben, auffällige Blütenformen und intensiver Duft sorgen dafür, daß Insekten angelockt werden, die mit sprichwörtlichem Bienenfleiß von Blüte zu Blüte eilen und dabei zielgerichtet Pollen mitnehmen und verteilen. Die Insekten lassen sich aber nicht anlocken, um für die Blüten Kurierdienste auszuführen, sondern weil sie hinter dem farbenprächtigen oder duftenden Werberummel der Blüte Nahrung erwarten. Und die finden sie dann auch. Hier können sie vom süßen Nektar naschen und auch in Mengen nahrhaften Pollen sammeln. Und wenn dann Hummeln oder andere Blütengäste auf oder in den Blüten herumpoltern, um das Nahrungsangebot auszubeuten, pudern sie sich so ganz nebenbei mit Blütenstaub ein und führen ihn anschließend fast zwangsläufig zur nächsten Blüte mit. Für die Blüte ist es also sehr entscheidend, daß möglichst viele Blütengäste kommen, um sich bei ihr mit Nahrung einzudecken – die Bestäubung erledigt sich dann eigentlich ganz von selbst.

Nun sind die Blumen aber nicht nur duftende, einladende Farbkleckse. Die meisten Blüten haben nämlich auch noch ein besonderes Farbenmuster. So hebt sich bei sehr vielen Wiesenblumen die Blütenmitte mit deutlichem Farbkontrast vom Blütenrand ab. Farbmale nennt man diese mustergebenden Anstriche. Mal können sie dunkel auf hell sein wie bei der Wiesen-Primel (→ Seite 130), aber auch umgekehrt hell gegen dunkel wie beim Wiesen-Storchschnabel (→ Seite 110). Der spezielle Zweck dieses Signals ist es, dem anfliegenden Insekt die Blüte nicht nur als farblich reizvolles Einkehrziel anzupreisen, sondern ihm auch sofort den Blüteneingang mit der Lage der Honigtöpfe und der Pollentüten zu verraten.

Bei manchen Blüten betonen dunklere Striche und Linien den Weg zum Blüteninneren noch zusätzlich.

Nach dem Blühen geht es weiter

Sobald eine Blume verblüht, schwinden zwar Glanz und Gloria ihrer prächtigen Erscheinung, doch laufen jetzt hinter den Kulissen ein ganze Reihe wichtiger Entwicklungen ab: Die Blüte reift heran und sorgt dafür, daß genügend Nachkommenschaft auf den Weg kommt. Ort der Handlung ist der Fruchtknoten mit den inzwischen befruchteten Samenanlagen.

Eine Blüte im Zustand der Reife nennt man Frucht. Der Fruchtknoten ist zu einer oft sehr formschönen und auch äußerst praktisch aufgebauten Frucht herangewachsen. Jede Pflanzenfamilie zeigt da ihre Besonderheiten.

Bei den Schmetterlingsblütengewächsen verlängert sich der Fruchtknoten zur vielsamigen Hülse – sie ging nur aus einem Fruchtblatt hervor und öffnet sich zweiklappig an der Bauchnaht und entlang der Mittelrippe.

Die Kreuzblütengewächse entwickeln ihren vierteiligen Fruchtknoten zu einem rundlichen Schötchen oder einer länglichen Schote. Fruchtknoten aus mehreren Fruchtblättern werden bei der Reife häufig auch zu Kapseln.

Um die Samen an die Luft zu setzen, öffnen sie sich nach Art eines Salzstreuers mit Poren (wie bei den Glockenblumen), mit seitlichen Schlitzen (beim Gefleckten Knabenkraut) oder durch Aufreißen von Klappen (wie die Schwertlilien). Manchmal sind die Fruchtwand und die Samenschale so eng miteinander verwachsen, daß man zwischen einer

Zu Wasser, zu Lande und durch die Luft

Der Löwenzahn schickt seine Früchte aus.

kleinen nußartigen Frucht und einem Samen nicht unterscheiden kann. So halten es beispielsweise die Doldenblüten- und Korbblütengewächse.

Das entscheidende Problem nach der Reife ist nun eine möglichst weitreichende Verbreitung der Samen und Früchte. Da bietet sich unter anderem natürlich der Wind als Verkehrsmittel an: Bei vielen Korbblütengewächsen, beispielsweise bei Löwenzahn, Pippau und Bocksbart, hängen die Früchte an haarigen Fallschirmen und treideln segelnd im Wind davon.

In anderen Fällen ist tierische Mithilfe gefragt. Beim Kletten-Labkraut, bei der Wilden Möhre oder bei den Storchschnabel-Arten tragen die Verbreitungsteile feine Widerhaken, die sich in Fell, Gefieder oder Kleidung verankern und somit als blinde Passagiere weite Strecken zurücklegen.

Manchmal findet sich an den Samen ein kleines weißliches Anhängsel – ein

Zum Bild: Wind ist für viele Früchte und Samen eine unentbehrliche Verbreitungshilfe. Vom Winde verweht erobern sie sich neue Lebensräume.

Leckerbissen für Ameisen, die die Samen einsammeln und weithin verschleppen.

Augen-Weide: Minutenlang kann man mit den Augen über eine bunte Blumenwiese wandern. Vieles gibt es hier für den aufmerksamen Blick zu entdecken.

Blumenwiesen erleben

Wiese ist nicht gleich Wiese. So einfallslos ist die Natur nun auch wieder nicht, daß sie nur Gras wachsen läßt, wo der Mensch Heu ernten möchte. Das zarte Lila des Schaumkrauts, das wogende Weiß von Labkraut und Lichtnelke, erst recht aber das knallige Gelb von Löwenzahn und Hahnenfuß setzen Farbtupfer, die im Grün bestimmt nicht untergehen. Je nach Lage und Bodenbeschaffenheit und abhängig von Nutzung und Alter setzt sich eine Wiese aus ganz verschiedenen Pflanzen zusammen, die ihr Aussehen bestimmen. Aber welche Wiesenarten gibt es denn? Woran kann man sie erkennen? Welche Pflanzenarten kommen hier vor?

Von Wiesen und Weiden

Kann man sich überhaupt etwas Urwüchsigeres vorstellen als eine sommerliche, von bunten Blumen geradezu überquellende Wiese? Sind nicht die wogenden Blütenmeere über die Scharen von Schmetterlingen hinweggaukeln, der sichtbare Ausdruck vom Reichtum der Natur? So hinreißend quicklebendig eine Blumenwiese mit allen ihren tierischen Bewohnern und Besuchern erscheint, so ernüchternd muß gleichzeitig die Feststellung wirken, daß auch die üppigste Wiese in Wirklichkeit keine natürliche Lebensgemeinschaft ist. Wiesen verdanken ihre Entstehung dem Menschen, und nur das strenge Regime der Sense kann sie auf Dauer in all ihrer blumigen Pracht erhalten.

Wiesen sind Kulturlandschaften

Die meisten Wiesen wachsen auf Standorten, auf denen sich noch vor wenigen Jahrtausenden Wald ausbreitete. Überläßt man eine Wiese für längere Zeit sich selbst, ändert sie von Jahr zu Jahr ihr Aussehen. Konkurrenzstarke Pflanzen wandern ein und verdrängen die typischen Wiesenkräuter, verschiedene Gehölze wie Birken, Weiden und Pappeln machen sich breit, ihnen folgen Ahorn-Arten und schließlich alle Baumarten, die man in den Wäldern antrifft.

Aus dieser verhältnismäßig raschen Veränderung kann man folgern, daß eine Wiese im Grunde eine ziemlich störanfällige Artengemeinschaft ist. Wald würde sie sofort überwuchern, wenn ihn der wirtschaftende Mensch nicht daran hinderte. Nur wenige Standorte, an denen keine Gehölze wachsen können, blieben waldfrei. In der Naturlandschaft Europas könnte man waldfreie Stellen mit wiesenähnlichen Pflanzengemeinschaften beispielsweise entlang der Meeresküsten, in Mooren, an Gewäs-

sern, an Trockenhängen und auch im Hochgebirge erwarten, wo das Klima dem Baumwuchs klare Grenzen setzt. Vor über 7000 Jahren begannen die jungsteinzeitlichen Bauern mit der Umwandlung der Naturlandschaft zur Kulturlandschaft. Durch Auflichtung der Wälder schufen sie anfangs noch kleine, später immer größer werdende Nutzflächen mit Acker- und Weideland. Viehweiden sind die ältere Form des Grünlandes, da sie unter dem Einfluß der Holzernte sowie durch Tritt und Verbiß des Viehs unmittelbar aus den natürlichen Waldbeständen hervorgingen. Wiesen konnten erst später entstehen, nachdem die Menschen die Geräte für eine großflächige Heuernte erfunden hatten. Die meisten Wiesen Mitteleuropas gibt es erst seit etwa 1000 Jahren. Mehr als ein Drittel der Gesamtfläche der Bundesrepublik sind sogenanntes Dauergrün- oder Grasland.

Wiesen und Weiden gut unterscheiden

Wiesen lassen sich einfach und eindeutig als Grasland beschreiben, das mindestens einmal im Jahr gemäht wird. In der Grünlandwirtschaft dienen Wiesen dazu, das Winterfutter für die Stalltiere zu liefern. Daher nennt man sie auch Mäh- oder Futterwiesen. Die erste Mahd zu Beginn des Sommers ist das Heu. Der zweite Schnitt liefert das Grummet oder Öhmd. Wiesen, die nur einmal im Jahr geschnitten werden, nennt man einschürig. Zwei- und mehrschürige Wiesen liefern dagegen mehrere Futterernten.

Die Wiesenwirtschaft hat sich vor allem dort entwickelt, wo das Vieh nicht ganzjährig auf der Weide verbleiben kann. Im nördlichen Niederungsland mit seinen milden Wintern überwiegen

Vom Wesen der Wiese

Vierbeinige Mäher im Einsatz.

daher die Weiden, im südlichen Bergland die Wiesen.

So manche sprichwörtlich grüne Wiese ist eigentlich eine Weide, denn die Umgangssprache unterscheidet kaum zwischen den beiden verschiedenen Bewirtschaftungsformen. In der modernen Landwirtschaft verwischen sich die Unterschiede zusätzlich, denn vielfach werden die Grünlandparzellen abwechselnd als Weide und zur Mahd genutzt. Man nennt sie Umtriebsweide oder Rotationsmähweide.

Das Wiesenjahr beginnt im Frühling

Wie alle Pflanzen überdauern auch die Wiesenpflanzen die kalte Jahreszeit im Zustand der Ruhe. Die mehrjährigen Ar-

Zum Bild: Wiesen und Weiden sind erst durch fortgesetzte Nutzung entstanden. Manche Artengemeinschaften (wie beispielsweise Wacholdertriften) lassen sich nur durch regelmäßige Beweidung erhalten. Schafe halten die Pflanzen ziemlich wahllos kurz.

ten ziehen sich entweder auf unterirdische Zwiebeln zurück, besitzen Wurzelknöllchen oder harren mit unterirdischen Wurzelsprossen aus. Andere Arten haben bis zum Herbst eine grundständige Blattrosette entwickelt und drücken sich damit ganz dicht an den Boden, wo auch eine nur dünne Schneedecke noch genügend Schutz bieten kann. Nur wenige einjährige Blumen leben in den Wiesen. Von ihnen bleiben im Herbst nur die Früchte oder Samen. Sie beginnen die neue Saison als Keimpflanzen. Die winterliche Schneelast drückt alle Pflanzen oder ihre Reste dicht an den Boden. Die Farben spielen jetzt zwischen Gelblichbraun und Fahlgrün. Die Wiese befindet sich im ersten Tiefstand. Er wird etwa bis Mitte April andauern. Dann treten die ersten Wiesenblüher auf. Gänseblümchen und Wiesen-Primel eröffnen den Reigen.

Vom Tiefstand zum Hochstand

In der zweiten Aprilhälfte nimmt die Wiese ein kräftiges Grün an, weil jetzt fast alle Wiesenpflanzen Farbe zulegen. In erstaunlich kurzer Zeit wachsen sie jetzt zum ersten Hochstand auf, wobei die Wiese von Woche zu Woche ihr Gesicht verändert. Die erste auffällige Blühwelle bringt das Wiesen-Schaumkraut zuwege. Danach leuchtet fast überall das unübersehbare Gelb des Löwenzahns, gefolgt vom Scharfen Hahnenfuß und Wiesen-Bocksbart. Nur wenig später geht es in der Wiese ganz kunterbunt zu: Das Blau von Wiesen-Salbei, Wiesen-Glockenblume und Wiesen-Storchschnabel mischt sich in das Weiß des Wiesen-Labkrauts und des Wiesen-Kerbels, während die Kuckucks-Lichtnelke einen Hauch von Rot beisteuert. Zuletzt entfalten auch die Gräser ihre wogenden Blütenstände. Die Wiese hat jetzt den Gipfelpunkt ihres ersten Hochstandes erreicht. Knapp zwei Monate sind nach dem ersten Ergrünen verstrichen.

Die Sense setzt ein jähes Ende

Noch bevor die große Masse der Wiesenpflanzen Gelegenheit hatte, ihre Früchte und Samen auszubilden, beginnt die Heuernte. Nachdem der Kreisel- oder Balkenmäher über die Wiese hinwegging, liegt die gesamte Blumenpracht buchstäblich am Boden. Früher mähte man die Wiese erst nach vollständiger Ausreifung der frühblühenden Wiesenpflanzen, etwa Mitte bis Ende Juni. Heute ernten die Landwirte die Wiesen schon zwei oder drei Wochen früher ab - etwa während der Vollblüte des Scharfen Hahnenfußes. Das früh geerntete Heu ist zwar proteinreicher, enthält aber weniger Faserstoffe (Zellulose) - ein notwendiges Zugeständnis

Zum Bild: Die Blühwellen der Wiesen beginnen im zeitigen Frühjahr eher zaghaft und vorsichtig. Wenn jedoch die Küchenschelle ihre kräftig blauen Blüten in die Frühlingsluft reckt, schmückt sich die sonst noch fahlbraune Trockenwiese unübersehbar mit leuchtenden Farbtupfern. Als Frühblüher muß sie sich auf Wetterrückschläge einstellen. Mit Hilfe der wärmenden Frühlingssonne schafft sie aber auf jeden Fall den Durchbruch durch die dünne Schneedecke.

Küchenschellen haben den Durchbruch geschafft.

Die Wiese im Jahreslauf

Fruchtstand des Stern-Klees.

an die modernen Hochleistungskühe, die während des ganzen Jahres eiweißreiche Milch geben sollen. Nach der Heuernte befindet sich die Wiese im zweiten Tiefstand des Jahres. Die Unterbrechung dauert aber nur kurze Zeit an, denn schon sehr bald beginnen die Wiesenkräuter wieder mit raschem Nachwuchs. Oft kommt jetzt erst die weiße und blaue Blühwelle zustande, wobei die einzelnen Pflanzen allerdings nicht mehr die volle Wuchshöhe erreichen, die sie mit dem ersten Anlauf hinbekommen hätten. Etwa Mitte August ist dann der zweite Hochstand abgeschlossen und wiederum schnittreif. Auf die zweite Futterernte folgt dann ebenso schlagartig wie bei der Heu-ernte im Frühsommer ein dritter Tiefstand, dem aber nur noch ein sehr schwacher dritter Hochstand folgen kann, weil das Wachstum jetzt doch schon sehr in die Herbstwochen hineinreicht und der Jahreszeit entsprechend bald zum Stillstand kommt.

Die Wiese mag jetzt völlig tot aussehen – sie ist es aber nicht. Wo in den Randbereichen vielleicht doch ein paar Frucht- oder Samenstände von Wiesenstauden übrig geblieben sind, kommen allerhand Singvögel bei ihrem Streifzug durch die Gemeinde vorbei, um Nachlese zu halten. Sicher entdecken sie dabei noch ein paar verspätete Spinnen oder andere Wiesenkerbtiere, die in der Bodenstreu überwintern.

Salzwiesen

Wo eigentlich die Grenze zwischen Festland und Meer verläuft, läßt sich bei einer Gezeitenküste gar nicht genau angeben. Zur Flutzeit und erst recht bei Hochwasser beansprucht das Meer weite Flächen, die es während der Ebbezeit wieder an das Festland zurückgibt. Zweimal jeden Tag findet dieses Wechselspiel statt. Die Gezeitenzone ist ein Lebensraum, der alle paar Stunden einem völlig anderen Element angehört. Im Binnenland gibt es zwischen Land und Wasser normalerweise eine klare und eindeutige Trennung. Landpflanzen kommen nicht im Gewässer vor, und die Wasserbewohner können normalerweise nicht an Land leben. Jeder hat seinen angestammten Wohn- und Aufenthaltsbereich. Ähnlich ist die ökologische Trennlinie zwischen Land und Meer beschaffen. Die Meereslebewesen sind Wasserorganismen, denen der Zugang zu den Lebensräumen des festen Landes naturgemäß verwehrt bleiben muß und umgekehrt. Ein anderer Umweltfaktor kommt aber noch hinzu: Meerwasser ist bekanntlich enorm salzig, und Salz vertragen die Lebewesen des Festlandes nun überhaupt nicht. Die schweren Schäden an Straßenbäumen, die Opfer der winterlichen Streusalzeinsätze werden, sind wohl ein überzeugender Beweis für die ausgeprägte Giftwirkung der Auftausalze.

Spezialisten in der ersten Reihe

Wenn Meeresorganismen nicht an Land können und Meersalz andererseits für Landlebewesen ziemlich giftig ist, sollten in der Gezeitenzone, die Meer und Land sich gegenseitig streitig machen, eigentlich gar keine Pflanzen oder Tiere vorkommen dürfen. Beim Spaziergang auf dem Deich sieht man aber, daß auch in den gezeitenbeeinflußten Vorländern überall dichtes, saftiges Grün sprießt. Offenbar gedeihen hier Pflanzen, denen das salzige Meerwasser nicht allzu viel anhaben kann und die sogar der regelmäßigen Überflutung widerstehen. Tatsächlich wachsen seeseitig vor dem Deich bemerkenswerte Pioniere und Spezialisten, die richtige Landpflanzen (und keineswegs Seetange) sind, aber dennoch am und im Meer leben können. Ihre Bestände nennt man Salzwiese, weil sie oft genauso aussehen wie die üblichen Wirtschaftswiesen in Koog oder Polder, dem abgedeichten Küstenland. Heller oder Groden nennen die Friesen das Außendeichgrünland, das auf bewundernswerte Weise den Umweltfaktor Meersalz bewältigen kann. Charakteristische Blumen dieser Salzwiesen sind
- Salz-Aster (→ Seite 118)
- Strand-Grasnelke (→ Seite 76)
- Strand-Tausendgüldenkraut (→Seite 76)
- Strand-Milchkraut (→ Seite 77)
- Salz-Schuppenmiere (→ Seite 77)
- Strandflieder (→ Seite 119)

Abgestufte Sitzordnung

Auf dem Festland sieht der Wiesenrand, der oben an einen Flurweg grenzt, im wesentlichen genauso aus wie die gegenüberliegende Seite, die sich vielleicht an einen Kartoffelacker anschließt. Auch bei einem Wiesenstück in sanft geneigtem bis stark hängigem Gelände gibt es kaum Unterschiede in der Verteilung der einzelnen Wiesenpflanzen. Überall stehen sie gleich kunterbunt durcheinander.
Bei der Salzwiese an der Meeresküste ist das völlig anders. Oben nahe der Deichkrone wachsen beispielsweise Strandnelke oder Strand-Tausengüldenkraut, während weiter unten zur Niedrigwasserlinie oder an den Prielrändern die hübsche Salz-Aster steht. Schrittweise ändert die Salzwiese ihre Artenzusammensetzung, je

Wo Wiesen sich ins Meer stürzen

Klippenflur mit blühenden Strandnelken.

weiter man sich vom Deich in Richtung offenes Wattenmeer bewegt. Die Ursache für diesen stetigen Wandel im Artenbestand sind die abgestuften Lebensbedingungen, die sich eben allmählich von oben nach unten ändern.

Eine einfache Überlegung macht die Unterschiede deutlich: In der unteren Gezeitenzone, nahe der Niedrigwasserlinie, fällt der Schlickboden nur für kurze Zeit im Tidenrhythmus trocken. Kaum hat ihn die Ebbe freigegeben, läuft die nächste Flut schon wieder darüberhinweg. Weiter oben, auf den höher gelegenen Stellen der Salzwiese, liegen die Pflanzen schon wesentlich länger an der freien Luft. Und die Stellen knapp unterhalb der Deichkrone erreicht nicht einmal jede Flut. Nur außer-

Zum Bild: Vom Meersalz beeinflußte Salzwiesen gibt es nicht nur unten am Strand, sondern auch weiter oben auf dem Klippensaum. Bereits im Frühjahr steht der dichte Teppich der Strandnelken voll in Blüte.

gewöhnliche Flutwasserstände, wie sie bei Sturm- oder Springfluten auftreten, langen mit ihren heftigen Salzwogen so weit herauf.

Auf die unterschiedliche Salzbelastung reagiert die Pflanzenwelt mit abgestuften Antworten. Von der gewöhnlichen Wirtschaftswiese auf dem Deich bis hinunter zu den Tauchpflanzen der Dauerflutzone unterhalb Niedrigwasserniveau bauen sich gleitende Übergänge auf.

Vorposten auf Tauchstation

Im Gegensatz zu den meisten anderen Wiesentypen ist die Salzwiese eine der wenigen natürlichen Wiesen Europas. Sie entstand von selbst, wurde vom Menschen wenig beeinflußt und braucht an ihrem besonderen Standort auch nicht die Konkurrenz anderer Pflanzengemeinschaften zu fürchten. Gehölze können nämlich auf dem salzimprägnierten Boden am Rande des Wattenmeeres nicht gedeihen.

Bis weit ins Deichvorland erstreckt sich die geschlossene Grasnarbe. Wo die Salzwiese an den offenen Schlickboden stößt und sich die letzten Verästelungen der Priele verirren, wachsen dichte Bestände des Salzschwadens oder Andels, eines völlig salz- und überflutungsfesten Grases. Die Andelblätter sind zwar recht dünn, trotzdem aber ziemlich fest. Sie fühlen sich immer etwas ölig an. Schafe fressen den Andel sehr gerne und wandeln durch Verbiß die relativ hochwüchsige Salzwiese in eine kurzgeschorene Salzweide um.

Seewärts schließt sich an die Andelbestände eine sehr artenarme Pflanzengemeinschaft an. Hier dominiert eine der merkwürdigsten Pflanzen der heimischen Flora, der völlig blattlose, aber sehr dickstengelige Queller. Die Salzmengen, die er aus dem Schlickboden aufnehmen muß, kann man deutlich schmecken, wenn man ein wenig auf den saftigen Stengeln herumkaut. Queller wurden in den Küstengegenden früher als Gemüse- und Salatpflanze verwendet.

Noch seltsamer als der Queller sind die Seegräser, die vor dem Quellerwatt wachsen und auch bei Niedrigwasser dauernd untergetaucht bleiben. Sie sind diejenigen Festlandpioniere, die sich am weitesten in das Meer vorgewagt haben.

Schmucke Schönheit im Salzschlick

Während die meisten Pflanzen der Salzwiesen auch während ihrer Blütezeit nicht allzuviel Aufhebens von sich machen, ist die Salz-Aster schon allein wegen ihrer Wuchshöhe eine ziemlich auffällige Pflanze. Als einzige ihrer gesamten Verwandtschaft hat sie sich auf die salzigen Schlickböden am Wattenrand spezialisiert. Daneben kommt sie auch noch in den wenigen Salzsümpfen des Binnenlandes vor, wo Salzquellen offen zutagetreten, wie beispielsweise im Harzvorland oder in der Wetterau.

Bis in den Herbst hinein bleibt die Salz-Aster in Blüte und damit eines der schönsten Schmuckstücke der Salzwiesen. Über und über dekorieren sich besonders kräftig geratene Exemplare mit ihren farbigen Blütensternen. Übrigens: Salz-Astern sind besonders schützenswerte Pflanzen. Man darf sich davon ebenso wenig Sträuße pflücken wie vom Strandflieder, der mit den hübschen Astern wetteifert.

Salzwiesen sind Vogelparadiese

Obwohl die Salzwiese der Verlandungszone des Wattenmeeres angehört und ein wenig an den Typ Feuchtwiese erinnert, weicht sie doch in vielen Merkmalen von den nassen Wiesenstreifen entlang von Bächen oder Weihern ab – zu verschieden sind hier die Lebensbedingungen. Lurche und Kriechtiere, von denen viele Arten das nasse Element so sehr schätzen, wird man in der Salzwiese nicht antreffen. Gerade die Lurche, die ja ihre gesamte Jugendentwicklung im Wasser durchlaufen, haben im Salzwasser keine Chance.

Dagegen sind die Salzwiesen ein überaus wertvoller Lebensraum für viele verschiedene Vogelarten des Küstenraums. Scharen von Watvögeln suchen die Salzwiesen bei Flut und Hochwasser als Rastplatz auf und warten dort, bis sie wieder hinaus auf die naßglänzenden Schlickflächen zur Nahrungssuche können. Besonders zur Zeit des Vogelzugs herrscht in den Salz- und Marschwiesen Hochbetrieb, wenn Tausende Strandläufer, Knutts und Regenpfeifer im Wattenmeer eine Reisepause einlegen.

Die Wiese ist ein Paradies

Während der Brutzeit richten hier beispielsweise Rotschenkel, Austernfischer oder Seeregenpfeifer ihre unauffälligen Bodennester ein. Dann sollte man nicht einfach durch die Strand- und Wattwiesen streifen, um die Bruten nicht unnötig zu gefährden. Die Beobachtung vom Weg oder vom Rand aus ist mindestens genauso ergiebig.

In vielen Küstenbereichen sind Salzwiesen, die ihre Vollblüte eigentlich erst reichlich spät im Sommer erreichen, schon zur Rarität geworden. Einerseits verändert die Beweidung durch Schafe das charakteristische Artengefüge der Salzpflanzen. Auf der anderen Seite sind großflächige Vorkommen von Salzwiesen durch Abdeichung und Umwandlung in Kulturland verlorengegangen.

Mit der Salzfracht fertigwerden

Wenn man sich die Pflanzengestalten der Salzwiesen genauer anschaut oder sie gar einmal durch die Finger gleiten läßt, spürt man sofort einen interessanten Unterschied zu den Blumen einer üblichen Festlandwiese: Salzpflanzen fühlen sich immer etwas dicklich und fleischig an. Sie sind – ebenso wie die Pflanzen extrem trockener Lebensräume – sukkulent. Oft haben sie auch die Blattflächen deutlich verkleinert. Bei der Salz-Schuppenmiere (→ Seite 77) oder erst recht bei der eigenartigen Strand-Sode bleiben vom ursprünglichen Flachblatt nur noch schmale, rundliche Zipfel übrig. Der Queller geht sogar noch einen Schritt weiter: Er entwickelt überhaupt keine Blätter mehr, sondern besteht nur noch aus den fleischig verdickten Stengeln.

Solche Veränderungen in der Pflanzengestalt können nur als besondere Anpassungen gedeutet werden, die mit dem Faktor Salz in Zusammenhang stehen. Um nicht unnötig viel Salz aus dem Bodenwasser des Schlicks aufnehmen zu müssen, schränken die Salzpflanzen ihre Blattgröße und damit ihren Gesamtwasserverbrauch sichtlich ein. Zum Teil können sie überschüssiges Salz auch buchstäblich ausschwitzen. Sieht man an wärmeren Sommertagen beim Strandflieder nach, wird man auf seinen großen Lederblättern kleine, weißliche Salzschüppchen entdecken, die der nächste Regen abwäscht. Die Abgabe dieser kleinen Salzportionen schafft in der Pflanze Stauraum für neue Salzfracht, die mit dem Wasserstrom über die Wurzeln aufsteigt. Aus rein physikalischen Gründen müssen die Salzpflanzen sich mit dem Meersalz förmlich von innen überschwemmen lassen, um überhaupt an das lebensnotwendige Wasser heranzukommen. Ihre Wurzeln können nicht einfach das Wasser tanken und die darin gelösten Meersalze aussortieren. Beides müssen sie in sich aufnehmen

Salzwiesen – kurz vorgestellt

Verbreitung: Verlandungszonen an der Meeresküste (Wattenmeer, Flußmündungen), selten auch im Binnenland (zum Beispiel Neusiedler See-Gebiet).

Bodentyp: Salzdurchtränkte (Meerwasser oder Salzquellen) Ton- und Schlickböden.

Nährstoffhaushalt: Reich an organischen und mineralischen Nährstoffen.

Schönster Blühaspekt: Spätsommer/Frühherbst.

Naturschutz: Besonders schützenswert. Lebensraum vieler bedrohter Arten. Alle Salzwiesen an der Nordseeküste sind Nationalparkgebiet.

Salzwiesen

Im allgemeinen werden die Wiesen um so bunter, je weiter man in das südliche Mitteleuropa kommt. Eine Ausnahme bilden die Salzwiesen an Nord- und Ostsee.

Strandnelke

Salz–Aster

Zu den schönsten Blumen der Salz- und Außendeichwiesen gehört der geschützte Strandflieder. An der Nordseeküste nennt man ihn auch Halligflieder. Die Blüte fällt in den Spätsommer.

Feucht- und Moorwiesen

Bei einem Gang zu einer Feucht-, Naß- oder Moorwiese ist es angebracht, festes Schuhwerk anzuziehen, am besten Gummistiefel.

Diese Wiesen zeichnen sich nämlich durch einen besonders hohen Grundwasserstand aus, der bis einige Zentimeter unter die Bodenoberfläche reicht. Hierfür können verschiedene Gründe verantwortlich sein: Das betreffende Gelände könnte zum Beispiel in einer abflußlosen Senke liegen, in der sich von den umliegenden Hängen ablaufendes Niederschlagswasser ansammelt. Es kann aber auch sein, daß sich in geringer Bodentiefe wasserdicht absperrende Schichten, zum Beispiel Festgestein oder verfestigter Ton, befinden, die besonders während der Regenzeiten für beachtliche Staunässe sorgen. Auch schwere Lehm- oder Tonböden sind ausgesprochen wasserbindig. In unmittelbarer Nachbarschaft stehender oder fließender Gewässer ist der Grundwasserstand besonders hoch. Mit sehr feuchten Wiesen ist daher auch in der Umgebung von Seeufern, am Zu- oder Ablauf von Weihern oder entlang von Bächen und Flüssen zu rechnen. Gehäuft treten solche Feuchtstandorte natürlich in besonders niederschlagsreichen Gegenden auf, wie im atlantisch geprägten Tiefland, an der Stauseite der Mittelgebirge oder im alpinen Raum. Aber nicht nur die Feuchtigkeit ist maßgebend, auch Bodenbeschaffenheit, Wasserführung, geographische Lage und Geländeform spielen eine Rolle. In Norddeutschland sehen zum Beispiel Feuchtwiesen an vergleichbaren Standorten immer ein wenig anders aus als im südlichen Mitteleuropa, im Tiefland anders als in höheren Gebirgslagen. Anhand bestimmter Wiesenblumen, sogenannter Leitarten oder Charakter-

pflanzen, die in den einzelnen Wiesentypen immer wieder auftreten, kann man aber relativ sicher den Wiesentyp bestimmen.

Feucht- oder Naßwiesen

Im zeitigen Frühjahr läßt sich eine Feucht- oder Naßwiese schon aus weiter Ferne erkennen, wenn ihre Kennart, die Sumpf-Dotterblume (→ Seite 133), ihre glänzend dunkelgrünen Blätter in großen Büscheln ausgebildet hat und fast gleichzeitig in voller Blüte steht. Unübersehbar sind die prallen goldgelben Kissen, die schon beim ersten Sonnenstrahl eine große Anzahl Insekten anlocken! Mit fortschreitendem Frühjahr und Sommer wandelt sich das Bild. Die Wiese wird bunter und artenreicher, vor allem im Voralpenland mischen sich zunehmend buntblumige Arten ein, die zum Beispiel im westeuropäischen Tiefland nicht vorkommen.

Außer der Sumpf-Dotterblume gelten folgende Wiesenblumen als Kennarten der Feucht- oder Naßwiesen:

- Wald-Engelwurz (→ Seite 96)
- Kuckucks-Lichtnelke (→ Seite 74)
- Wiesen-Schaumkraut (→ Seite 70)
- Echtes Mädesüß (→ Seite 99)
- Herbst-Zeitlose (→ Seite 81)
- Wiesen-Knöterich (→ Seite 73)
- Scharbockskraut (→ Seite 134)
- Sibirische Schwertlilie (→ Seite 121)
- Sumpf-Kratzdistel (→ Seite 78)

Je nach Standort ändert sich natürlich die Pflanzengesellschaft. So gehören folgende Typen ebenfalls zu den Feucht- oder Naßwiesen:

Kohldistel-Wiese: In nährstoffreichen, kalkhaltigen Tallagen des Hügel- und Berglandes mit Wiesen-Knöterich (→ Seite 73) und Kohldistel (*Cirsium oleraceum*).

Sumpf-Dotterblumen in Vollblüte.

Bachdistel-Wiese: Im südlichen und südöstlichen Mitteleuropa, besonders auch im Alpenvorland, in feuchten Mulden mit der Kennart Bach-Kratzdistel *(Cirsium rivulare)*, die der Sumpf-Kratzdistel (→ Seite 78) sehr ähnlich ist.

Kälberkropf-Wiese: Besonders entlang der Wiesenbäche des höheren Berglandes findet sich eine Quellstaudenflur mit Kälberkropf (→ Seite 92) und Sturmhutblättrigem Hahnenfuß *(Ranunculus aconitifolius)* ein.

Flatterbinsen-Weide: An nassen Stellen auf Viehweiden machen sich vor allem Bestände der Flatter-Binse *(Juncus effusus)* neben Sumpf-Kratzdistel (→

Zum Bild: Die goldgelb leuchtenden Sumpf-Dotterblumen sind im Frühjahr wohl die auffälligsten Kennpflanzen der Feucht- und Naßwiesen. Im Sommer werden sie von anderen kräftigen Blühern, vor allem Hochstauden, abgelöst.

Seite 78), Sumpf-Labkraut (→ Seite 88) oder Sumpf-Weidenröschen *(Epilobium palustre)* breit.

Pfeifengras-Wiesen: Auf wechselfeuchten Standorten über kalkhaltigen und sauren Böden findet sich eine Wiesengruppe mit zahlreichen lokalen Abwandlungen. Besonders im Alpenvorland mischen sich zunehmend buntblumige Arten ein, die etwa im nordwesteuropäischen Tiefland nicht vorkommen. Gemeinsame Kennart ist das blaugrüne Bentgras oder Pfeifengras *(Molinia caerulea)*, dessen lange Halme nur ganz am Grunde knotig verdickt sind. Weitere Kenn- und Charakterarten sind:

- Sumpf-Teufelsabbiß (→ Seite 117)
- Sumpf-Schafgarbe (→ Seite 97)
- Sumpf-Hornklee (→ Seite 142)
- Sibirische Schwertlilie (→ Seite 121)
- Pracht-Nelke (→ Seite 75)
- Schwalbenwurz-Enzian (→ Seite 114)

Moorwiesen

Im Unterschied zu einer Feuchtwiese zeichnen sich die Moorwiesen dadurch aus, daß die Zersetzung toter Pflanzenteile sehr stark behindert wird, weil Grund-, Sicker- oder Quellwasser den Boden langfristig durchtränken. In den Pflanzengesellschaften der Moorwiesen kommen kaum Süßgräser vor, statt dessen wachsen hier zahlreiche kleinwüchsige Seggen-Arten. Die typische Moorwiese könnte man daher auch als Kleinseggensumpf bezeichnen. Oft breiten sie sich im Saum der Großseggenriede und waldartig dichter Röhrichte aus.

Moorwiesen-Kennarten sind neben den mehreren Dutzend Kleinseggen-Arten unter anderem das Sumpf-Herzblatt (→ Seite 98) und das zur Fruchtzeit außerordentlich auffällige Schmalblättrige Wollgras *(Eriophorum angustifolium)*. In den Alpen kommt oberhalb der Baumgrenze ein Wollgras-Sumpf mit Scheuchzers Wollgras *(Eriophorum scheuchzeri)* vor, dessen kugelige Samenhaarschöpfe auch mitten im Hochsommer Schneeflocken in eine sonst grüne Rasenlandschaft setzen.

Stark gefährdete Lebensräume

Feucht-, oder Moorwiesen eignen sich nicht für die Heuernte, weil das Vieh die hier wachsenden Pflanzen schlicht verschmäht. Die feuchten Wiesen sind daher die klassischen „Streuwiesen" der alten bäuerlichen Kulturlandschaft. Sie werden nur einmal im Jahr und dann möglichst spät gemäht, um Stalleinstreu für den Winter zu gewinnen.

Der späte Schnitt bringt für die Lebensgemeinschaften natürlich mancherlei Vorteile: Er verhindert einerseits die Ansiedlung von Gehölzen, die für die Wiesenpflanzen zu einer lästigen Konkurrenz aufwüchsen und schließlich den gesamten Standort für sich alleine beanspruchen würden. Auf der anderen Seite ermöglicht der späte Schnitt – möglichst nicht vor Mitte September – den Feuchtwiesenpflanzen die vollständige Ausreifung ihrer Früchte und Samen. Die Ernte von Stallstreu entnimmt von den Wiesen praktisch nur Pflanzen, die ihren gesamten Lebenszyklus vom Aufwachsen über die Blüte bis zur Reife abgeschlossen haben. Eine besondere Einpassung in den Bewirtschaftungsrhythmus wie bei einer Mähwiese ist also nicht erforderlich. Daher kommen in den feuchten bis sehr nassen Wiesen bemerkenswert viele verschiedene Pflanzenarten vor – darunter sehr viele, die nur bei schonender und geradezu rücksichtsvoller Nutzung (Extensivbewirtschaftung) bestehen können. Hier finden sich Dutzende von Pflanzenarten, die vom Aussterben bedroht sind und deswegen schon lange auf der Roten Liste stehen. Beispiele sind der Schwalbenwurz-Enzian (→ Seite 114) oder die Schachblume (→ Seite 81).

Vielerorts hat man durch Entwässerung die feuchten Wiesen trockengelegt und durch Aufdüngung in intensiv genutzte Wiesen überführt – eine Zerstörung wertvollster Lebensgemeinschaften, für die die Landwirtschaft den beschönigenden Ausdruck Melioration (Verbesserung) verwendet. Der Naturschutz bemüht sich sehr (häufig leider vergebens) um die Erhaltung von ungedüngtem, extensiv genutztem Feuchtgrünland, in dem nicht nur seltene Pflanzen leben, sondern auch zahlreiche bedrohte Tierarten ihre Heimstatt haben.

Tiere in der feuchten Wiese

Feuchtes Wiesengelände, Niedermoore und anmooriges Grünland ist der bevorzugte Lebensraum des Grasfrosches, einem noch verhältnismäßig häufigen heimischen Frosch. Nur zur Laichzeit im sehr zeitigen Frühjahr (Februar bis März) halten sich die Grasfrösche am oder im Laichgewässer auf, wobei sie sich durchaus mit wassergefüllten Flutmulden oder ganz langsam fließenden Armen von Wiesenbächen zufrieden geben. Die übrige Zeit des Sommerhalbjahres verbringen die Frösche im hohen Pflanzengewirr und machen hier Jagd auf Schnecken oder Spinnen. Früher wurden gerade die Grasfrösche eine häufige Beute des Weißstorches.

In der Feuchtwiese umherstolzierende Störche gehören in der artenverarmten Industrielandschaft leider auch zu den fast vergessenen Bildern.

Viele Vogelarten suchen feuchte oder nasse Wiesen nur zur Nahrungssuche auf, nisten und brüten dagegen in benachbarten Lebensräumen. Auch der Weißstorch ist kein eigentlicher Feuchtwiesenbewohner, denn sein Nest liegt ja hoch und frei auf Hausdächern.

Dennoch gibt es eine ganze Reihe von Vogelarten, die bevorzugt in Feuchtwiesen brüten, der Kiebitz zum Beispiel. Sein Nest ist nur eine flache Bodenmulde, in der die hervorragend getarnten Eier liegen. Auch die noch nicht flugfähigen Jungkiebitze sind tarnfarbig und drücken sich bei Gefahr an den Boden, um allzu neugierigen Blicken zu entgehen.

Die Pflanzenvielfalt der Feucht- und Moorwiesen ist der Lebensraum vieler der rund 80 mitteleuropäischen Libellenarten. Hier sitzen sie auf Lauer, um mit ihren großen Rundsichtaugen nach Beute (meist Fliegen oder Mücken)

Ausschau zu halten. Hier ruhen sie sich aber auch von ihren rasanten Jagdausflügen aus oder gehen auf Partnersuche. Haben sich Männchen und Weibchen gefunden, bilden sie die für Libellen so typischen und bei den Insekten gänzlich einzigartigen Paarungsräder, die nach wie vor flugfähig sind. Für die Eiablage benötigen sie dagegen ein offenes Gewässer. Die Larven aller einheimischen Libellen leben jahrelang am Gewässergrund. Erst zum Schlüpfen klettern sie wieder an Pflanzenstengeln hoch. Dann fährt das Fluginsekt buchstäblich aus der eigenen (Larven-) Haut.

Feucht- und Moorwiesen – kurz vorgestellt

Verbreitung: Uferzonen der Fließ- und Stillgewässer, Senken und Mulden der Niederungslandschaft, der Mittel- und Hochgebirge, überall in Deutschland, Österreich und der Schweiz – jedoch nur kleinflächig.

Bodentyp: Rieselfeuchte oder staunasse Torf- und Lehmböden.

Nährstoffhaushalt: Mäßige bis gute Nährstoffversorgung.

Schönster Blühaspekt: Spätes Frühjahr bis Hochsommer.

Naturschutz: Besonders schützenswert! vielfach bedrohte und äußerst artenreiche Lebensräume.

Feucht- und Moorwiesen

Wasser ist das wichtigste Lebenselement aller Pflanzen und Tiere. Wo es reichlich vorhanden ist, wo sich über staunassem Grund Sümpfe oder Moore entwickeln können, gedeihen viele seltene und schützenswerte Pflanzenarten.

Schachblume

Fruchtendes Wollgras

Solche prächtigen Bestände der Sibirischen Schwertlilie findet man auch im Alpenvorland nur noch selten.

Mähwiesen

Den größten Teil des Wirtschaftsgrünlandes zwischen Küste und Gebirge nehmen die Mähwiesen und Viehweiden ein.

Wiesen nutzt man durch Mahd bzw. Schnitt zur Heuernte, während die Grünpflanzen auf einer Weide dem pflanzenfressenden Vieh direkt als Nahrung dienen. Manchmal ist die genaue Trennung zwischen Wiese und Weide gar nicht möglich, weil auch Wiesengelände für bestimmte Zeit beweidet wird.

Düngung macht die Wiese fett

Mit jeder Ernte von Heu oder Grummet werden der Lebensgemeinschaft Mähwiese die Nährstoffe entzogen, die in den abgemähten Futterpflanzen gebunden sind. Mit der Zeit müßte die Nährstoffversorgung der Wiesenkräuter immer ärmlicher werden, wenn die Nährstoffentnahme nicht durch regelmäßige Düngung wieder ausgeglichen würde. Die Wiesendüngung erhält und verbessert die Wachstumsbedingungen der Wiesenpflanzen – sie steigert somit, sehr zur Freude der Landwirte, Produktion und Ertrag der Wiese.

Die meisten Futterwiesen werden heute gedüngt. Eine solche Wiese, auf der vor allem organischer Dünger (z.B. Gülle) das Pflanzenwachstum antreibt, nennt man Fettwiese. Düngehäufigkeit und -menge entscheiden allerdings darüber, ob die Futter- und Fettwiese artenreich bleibt oder fast zur Monokultur verkommt.

Eine Fülle bunter Typen

Eine Standardversion der Mähwiese, die man gleichsam europaweit wiedertrifft, gibt es nicht. Zu unterschiedlich sind die jeweiligen Boden- und Grundwasserverhältnisse, dazu auch die Schnitthäufigkeit der Bestände und ihre Düngung oder auch einfach nur die geographische Lage.

Eine Mähwiese im küstennahen Niederungsland sieht völlig anders aus als eine im höheren Mittelgebirge, weil die Pflanzengemeinschaften sich jeweils aus verschiedenen Arten zusammenfügen. Dennoch kann man die gedüngten Mähoder Wirtschaftswiesen in einige gut unterscheidbare Gruppen einteilen, für die jeweils bestimmte Kennarten charakteristisch sind. Die Wiesengräser spielen bei der Unterscheidung dieser Wiesentypen eine große Rolle.

Glatthafer-Wiesen

Glatthafer-Wiesen sind die typischen Wiesen der Ebenen und des Hügellandes. Sie gedeihen auf grundwasserfernen und gut, aber nicht übermäßig gedüngten Böden. Normalerweise sind sie zweischürig, können also im Früh- und im Spätsommer geschnitten werden. Kennarten dieser Mähwiese sind:

- Glatthafer
- Knäuelgras
- Wiesen-Bocksbart (→ Seite 138)
- Wiesen-Glockenblume (→ Seite 112)
- Wiesen-Storchenschnabel (→ Seite 110)
- Wiesen-Labkraut (→ Seite 88)
- Wiesen-Bärenklau (→ Seite 94)

Auf wärmeren, trockeneren Standorten kommen noch hinzu

- Wiesen-Salbei (→ Seite 123)
- Esparsette (→ Seite 84)
- Karthäuser-Nelke (→ Seite 75)

Zwischen Tau und Tag: Ein Bläuling hat auf dem Blütenkopf eines Rauhen Löwenzahns übernachtet. Die Sonne öffnet bald die Blüte und trocknet den Tau von den Flügeln des Falters. ▶

Im nördlichen Tiefland sind Bocksbart, Storchschnabel und Glockenblume kaum noch verbreitet, weil ihnen das ozeanisch getönte Klima offenbar nicht sehr zusagt. Auch Esparsette und Salbei treten hier sehr zurück. Gegenüber den Glatthafer-Wiesen zum Beispiel in der Oberrheinebene oder entlang der Donau, in denen fast immer sämtliche Kennarten enthalten sind, fallen die Mähwiesen im Münsterland oder in Schleswig-Holstein deutlich weniger bunt aus. Glatthafer-Wiesen sind sehr ertragreiche und wertvolle Futterwiesen.

Goldhafer-Wiesen
Goldhafer-Wiesen sind die typischen Fettwiesen des höheren Berglandes. Sie lösen hier die Glatthafer-Wiesen nach oben allmählich ab. Kennarten dieser wichtigen Wirtschaftswiese sind:
• Goldhafer
• Bärwurz (→ Seite 96)
• Große Bibernelle (→ Seite 95)
• Wald-Storchschnabel (→ Seite 111)
• Frauenmantel (→ Seite 132)
• Wiesen-Kümmel (→ Seite 94)
• Trollblume (→ Seite 134)
Goldhafer-Wiesen kommen beispiels-weise im Harz, in der Rhön, im Thüringer Wald und im Böhmerwald, aber auch im Schwarzwald, in den Voralpen und in den Alpen selbst vor. Ihre Untergrenze liegt im Harz bei etwa 400 m, im Schweizer Jura und im Schwarzwald bei 700 m und in den nördlichen Kalkalpen bei 900 m. Goldhafer-Wiesen kommen in bestimmten Höhenlagen der Mittelgebirge auch im Wechsel mit den Glatthafer-Wiesen vor. Sie zeigen dann die etwas feuchteren und kühleren Wuchsstellen an, während sich die Glatthafer-Wiesen lieber auf trockeneren und etwas sonnigeren Stellen ausbreiten.

Außer den jeweiligen Charakterarten kommen in den Glatthafer- und Goldhafer-Wiesen auch noch zahlreiche Pflanzenarten vor, die für Mähwiesen insgesamt kennzeichnend sind. Dazu gehören beispielsweise:
• Wiesen-Klee (→ Seite 82)
• Wiesen-Platterbse (→ Seite 142)
• Margerite (→ Seite 100)
• Acker-Witwenblume (→ Seite 116)
• Wiesen-Kerbel (→ Seite 92)
• Wiesen-Bärenklau (→ Seite 94)
• Wiesen-Fuchsschwanz
• Weiche Trespe
• Flaumiger Wiesenhafer

Zum Bild: Die Blattläuse saugen Pflanzensaft und scheiden den überschüssigen Zucker wieder aus. Für Ameisen ist dieser Zucker ein gefundenes Fressen. Häufig leben deshalb Blattläuse und Ameisen in Symbiose zusammen:
Die Ameisen schützen die Blattläuse, die Blattläuse versüßen den Ameisen das Leben.

Ameisen auf Blattlaus-Pirsch.

Die Mahd bestimmt den Lebensrhythmus

Fressen und gefressen werden: Die Krabbenspinne hat einer Biene aufgelauert.

Anpassung sichert Überleben

Verwunderlich ist es doch schon, daß auf einer Mähwiese trotz zweimaliger Mahd einige Dutzend Wiesenblumen gedeihen können, obwohl der Schnitt doch jedesmal den ganzen Bestand hinwegrafft. Offensichtlich besitzen die zur Futterwiese vereinigten Pflanzen besondere Eigenschaften, die sie optimal in den Bewirtschaftungsplan einpassen.

Beim Schnitt bleiben die bodennahen Pflanzenteile auf jeden Fall erhalten. Wiesenblumen und Wiesengräser können durch raschen Nachwuchs daraus neue, aufrechte Seitentriebe entwickeln. Die einzelnen Graspflanzen werden dadurch mehrhalmig und verfilzen sich außerdem zu einem dichten Rasen.

Zum Bild: Reglos sitzt die Krabben- oder Kürbisspinne auf der Blüte und sieht aus wie ein Blütenteil – sehr zum Verhängnis der Blütenbesucher, die zum Fressen kommen und nun selbst gefressen werden.

Auch beim Scharfen Hahnenfuß oder beim Wiesen-Klee bilden sich nach jeder Verletzung des Hauptsprosses aus Seitentrieben neue Blätter und Blütenstengel. Einige Wiesenpflanzen passen eher zufällig in den Mahdrhythmus. Die Wiesen-Primel blüht lange vor den anderen Wiesenblumen und kann ihre Samenreifung rechtzeitig vor dem ersten Schnitt abschließen, so daß die Mahd sogar noch

Blumenwiesen erleben

Fliegende Pelztiere: Hummeln gehören zu den häufigsten Besuchern der Flockenblume.

zur Samenverbreitung beiträgt. Ähnlich ist es mit dem Gänseblümchen, dessen Hauptblütezeit noch im ersten Tiefstand der Wiese liegt und nach der Mahd gleichsam einen zweiten Frühling erlebt.

Etagenreiche Wohnanlagen

Eine blühende Wiese ist ein äußerst kompliziertes Gefüge verschiedener Stockwerke. Hochhalmige Wiesengräser (Obergräser) überragen die nur halbhohen Untergräser. Wiesen-Klee, Wiesen-Hornklee oder Gamander-Ehrenpreis halten sich im unteren Blütenstock auf. Wiesen-Flockenblume oder Sauerampfer nehmen ungefähr die Mitte ein. Alles überragen die imposanten Doldenblütengewächse.

Zum Bild: Die Hummel fliegt über den vielblütigen Kopf der Flockenblume und wirbelt dabei eine Menge Blütenstaub auf, der sie einpudert. Gleichzeitig streift sie aber auch von einer anderen Blüte mitgebrachte Pollen ab.

Die wirren Stengeldschungel, die verschiedenen Blattformen und -größen, der außerordentliche Blütenreichtum sind für die Wieseninsekten Kletterparadies, Schlafstätte, Ruheplatz, Gaststätte, Supermarkt und Sonnenterrasse zugleich. Überall tummeln sie sich in großer Anzahl – rund 1500 verschiedene

Nahrungswege vernetzen sich

Arten kommen in einer üppigen Wiese vor. Gut getarnt sitzen zwischen den Stengeln die lautstarken Wiesenmusikanten, die Heuschrecken und Grillen. Wunderschöne Blattwanzen turnen über das Laub. Hier fallen buntberockte Blütenkäfer auf, und dort schillern metallisch grüne Fliegen. Netz-, Krabben- und Springspinnen liegen wie Jäger auf der Lauer, um unter den kleinen Wiesengästen Beute zu machen, während oben im Blütengarten die Schmetterlinge und Bienen unterwegs sind. Die artenreiche Futterwiese ernährt sie alle.

Dicht vermaschtes Nahrungsnetz

Je artenreicher eine Mäh- oder Futterwiese zusammengesetzt ist, um so vielfältiger fallen auch die Nahrungsbeziehungen ihrer Bewohner aus. Von den Schnakenlarven, die an den Graswurzeln nagen, bis zu den Blattläusen und Pflanzenwanzen, die sich mit Zuckersaft vollaufen lassen, wimmelt ein Heer kleinster und kleiner Pflanzenfresser umher. Schmetterlingsraupen gehören ebenso dazu wie blattverzehrende Heupferde. Schon bei den Insekten und Spinnen gibt es aber auch eine ganze Reihe räuberischer Arten, die sich über die kleinen Pflanzenkonsumenten hermachen. Kleinsäuger wie Maulwürfe und Igel bedienen sich ebenfalls bei den Pflanzenfressern, beispielsweise bei den Insektenlarven oder Schnecken. Mauswiesel und Hermelin kontrollieren die Spitz- und Feldmäuse. Aber auch aus den benachbarten Lebensräumen, aus Wald und Feld, kommen etliche Tiere, um in der Wiese Nahrung zu holen – Pflanzenfresser wie Kaninchen, Hasen oder Rehe und Beutegreifer wie Bussard, Turmfalke oder Eulen. Wer von wem abhängt, ist um so schwerer zu durchschauen, je dichter das Netz der Nahrungsbeziehungen zwischen den vielen in der Wiese lebenden Tierarten geknüpft ist.

Des Guten zu viel getan

Eine buntblumige, von Kleintieren nur so schwirrende Wiese ist vielerorts schon fast Vergangenheit. Bei sehr reichlicher Stickstoffdüngung zum Beispiel mit Jauche oder Gülle werden nur wenige Pflanzenarten gefördert, dabei aber in ihrer Konkurrenzkraft so gestärkt, daß sie viele andere einfach unterdrücken. Die wenigen bleibenden Gräser und Kräuter der Wiese wachsen dabei so rasch, daß man den Bestand viel früher und auch häufiger mähen kann. Massenhaft und nahezu flächendeckend sieht man im Frühjahr nur noch den goldgelben Löwenzahn und im Frühsommer den weißen Wiesen-Kerbel. Andere Wiesenblumen spielen in dieser überdüngten Fettwiese praktisch keine Rolle mehr.

Mähwiesen – kurz vorgestellt

<u>Verbreitung:</u> Häufigster Wiesentyp des Grünlandes, großflächig verbreitet von der Niederungslandschaft bis ins Gebirge. Je nach Lage mit anderen Pflanzengemeinschaften. Besonders artenreich und blumig in den höheren Mittelgebirgs- und Gebirgslagen Süddeutschlands, Österreichs und der Schweiz. <u>Bodentyp:</u> Wechselfeuchte bis trockene Lehm- und Lößböden. <u>Nährstoffhaushalt:</u> Gute Nährstoffversorgung durch regelmäßige Düngung, mitunter auch Überdüngung durch Mineraldünger oder Gülle. <u>Schönster Blühaspekt:</u> Frühsommer, vor dem ersten Schnitt. <u>Naturschutz:</u> Die jeweilige Bewirtschaftungsform bestimmt den Artenreichtum der Mähwiesen. Vor allem die Gebirgswiesen enthalten viele schützenswerte Arten.

Mähwiese

Die Mahd, bei der die ganze Pflanzenpracht unter der Sense zusammenbricht, ist ein herber Einschnitt. Aber sie sichert den Wiesenpflanzen letztlich das Überleben. Wiesen als wirtschaftsbedingte Pflanzenbestände sind nur zu erhalten, wenn das Pflanzenmaterial auch tatsächlich abgeerntet wird. Ein möglichst später Schnitt erleichtert den Pflanzen die Samenbildung.

Wiesen-Bärenklau

Apollo auf Wiesenklee

Viel bunter und blumiger als eine mäßig gedüngte Mähwiese kann eine Pflanzengemeinschaft eigentlich kaum sein.

Fettweiden

Auf einer Weide ersetzen Zähne und Zunge der Weidetiere die Schneiden der Mähmaschinen oder Sensen, die auf der Mähwiese den Pflanzen zuleiberücken. So ähnlich die Einwirkung von Verbiß und Schnitt auf die Pflanzen auf den ersten Blick aussieht, so unterschiedlich entwickeln sich Wiese und Weide mit der Zeit. Auf der mehrschürigen, normal gedüngten Mäh- oder Futterwiese fördert die schonende Mahd ungefähr 50 verschiedene Pflanzenarten in Wachstum und Entwicklung. Auf einer Weide ist der ständige Verbiß dagegen nur für rund 25 Pflanzenarten von Vorteil oder erträglich. Eine Weide ist demnach immer deutlich artenärmer als eine Wiese. Die Beweidung erlaubt auch nur in Ausnahmefällen einen besonders auffälligen, blumigen Aspekt. Überwiegend beherrschen die nicht-blühenden Teile der Pflanzen das Bild. Blüten finden sich nur in den Randbereichen oder an Stellen, an die Weidetiere nicht recht hinkommen.

Fettweiden – kurz vorgestellt

<u>Verbreitung:</u> Überall in Mitteleuropa in Gebieten mit Weideviehwirtschaft (Milchwirtschaft) weit verbreitet.

<u>Bodentyp:</u> Wechselfeuchte bis trockene Lehm-, Löß- und Sandböden.

<u>Nährstoffhaushalt:</u> Gute Nährstoffversorgung durch regelmäßige und meist sehr reichliche Düngung.

<u>Schönster Blühaspekt:</u> Meist nur „gelbe Welle" im Frühjahr vor dem Viehaustrieb.

<u>Naturschutz:</u> Meist artenarme, intensiv genutzte Fläche.

Wo Pflanzen stets zu kurz kommen

Pferde und Schafe beißen die Weidepflanzen mit den Zähnen ab, Rinder zupfen sie mit der Zunge. Ganz dicht am Boden befindliche Pflanzenteile entgehen der Schädigung in jedem Fall. Pflanzen, die sich tief an den Boden drücken und gleichzeitig ein hervorragendes Erneuerungsvermögen haben, haben eine besondere Chance. Typische Weidepflanzen sind:

- Deutsches Weidelgras
- Kammgras
- Wiesen-Lieschgras
- Wiesen-Rispengras
- Weiß-Klee (→ Seite 104)
- Löwenzahn (→ Seite 136)
- Herbst-Löwenzahn (→ Seite 136)
- Gänseblümchen (→ Seite 100)
- Hahnenfuß (→ Seite 128)

Gerade bei Gänseblümchen und Löwenzahn kann man sehr gut beobachten, daß sie ihre Blütenköpfe unter Beweidungsdruck ganz dicht am Boden entwickeln und dort ohne nennenswerte Schädigung bis zur Fruchtreife bringen. Die Gänseblümchen-Früchte haften an oder zwischen den Hufen der Weidetiere und lassen sich so über die gesamte Weidefläche verbreiten. Der Löwenzahn entwickelt aus seinem goldgelben Blütenkopf eine hübsche Pusteblume, deren Einzelfrüchte an kleinen Fallschirmen auf Luftreise gehen.

Standweide – Umtriebsweide

Weiden sind die älteste Nutzungsart von Gräsern und Krautbeständen. Lange bevor der Mensch die technischen Mittel zum Schneiden von Pflanzen hatte, trieb er seine Tiere einfach in Wälder und Gebüsche. Später war es üblich, die Tiere auf der Allmende grasen zu lassen, der gemeinsam Nutzfläche der gesamten Dorfgemeinschaft. Dies brachte aber

Von der Vielfalt zur Monotonie

Staub-Zulage: Im Löwenzahn-Blütenkopf versinkt die Biene fast im Blütenstaub.

immer wieder Ärgernisse, weil das Vieh sich natürlich auch an den Kulturpflanzen in Gärten und auf Äckern gütlich tat. Daher ging man dazu über, die Weidetiere auf einer abgezäunten Standweide zu halten, möglichst während des ganzen Sommerhalbjahres.

Dieser Weidebetrieb bringt aber auch Nachteile. Die Tiere fressen nicht alle Pflanzen gleichmäßig ab, sondern suchen sich aus der sprießenden Masse nur die wohlschmeckendsten aus. Diese Menüwahl fördert mit der Zeit die Ausbreitung ungenießbarer Arten, die der Landwirt schlicht Weideunkräuter nennt, beispielsweise Brennesseln oder verschiedene Distel-Arten. Um die Weidefläche möglichst gleichmäßig und ra-

Zum Bild: Blütenbestäubung ist immer ein Stück in zwei Akten: Zunächst muß der kleine Blütenbesucher kräftig eingestäubt werden, bevor er den Pollen auf die Narben einer anderen Blüte übertragen kann.

tionell zu nutzen, läßt man die Tiere heute nur noch wenige Tage auf einer Parzelle. Hier fressen sie dann alle erreichbaren Pflanzen unterschiedslos ab, so daß sich unerwünschte oder ungenießbare Arten erst gar nicht ansiedeln können.

Eine Milchkuh benötigt jeden Tag etwa 70 kg Grünfutter – die nutzbare Pflanzenmenge von 100 m^2 Weidefläche.

Fettweiden

Überdüngung schafft zwar
Überfluß, aber auch große
Einförmigkeit im Artenbild.
Stark gedüngte Wiesen und
Weiden bringen oft nur
noch eine gelbe Blühwelle
mit Löwenzahn und
Hahnenfuß zustande.
Während der übrigen Zeit
sehen sie fast nur grün aus.
Artenfülle kann sich hier
nicht mehr entfalten.

Gemeiner Löwenzahn

Scharfer Hahnenfuß

Zahn um Zahn: Infolge
dauernder Beweidung und
starker Düngung sind Um-
triebsweiden sehr arten-
arme und geradezu lang-
weilige Standorte.

49

Trockenwiesen

Wiesen gedeihen unter höchst unterschiedlichen Bedingungen. Die Bandbreite reicht von extrem staunassen bis hin zu äußerst trockenen Böden. Schon die ganz normale Mähwiese kommt mal an feuchteren, mal aber auch an trockeneren Stellen vor. So kann sie im Aussehen und zum Teil auch im Pflanzenbestand durchaus zu den eigentlichen Feuchtwiesen überleiten, ohne jedoch die Eigenschaften einer ausgesprochenen Naßwiese zu erreichen. Auf der anderen Seite schließt sie sich standortgebunden an die Trockenwiesen an. Die Übergänge können durchaus fließend sein.

Der entscheidende Unterschied zwischen einer trockenen Mähwiese und einer echten Trockenwiese ist die Düngung. Die Trockenwiese bleibt ungedüngt, ist weniger ertragreich und wird auch nur einmal im Jahr gemäht oder beweidet. Wegen der ausgeprägten Nährstoffarmut ihrer Böden nennt man sie auch Magerwiese. Ihre Magerkeit sieht man ihr schon auf den ersten Blick an: Der Pflanzenwuchs ist niedriger und schütterer als auf einer Mähwiese. Außerdem fehlen hier die saftig grünen Farbtöne und jegliche kraftstrotzende Wüchsigkeit. Statt dessen herrschen gelblich-grüne Farbnuancen vor oder sogar wenig reizvolles Graugrün.

Der kleine Unterschied

Zu den Magerwiesen bzw. Magerrasen gehören verschiedene, auf bestimmte Lebensräume spezialisierte Wiesentypen. Gemeinsam ist ihnen der trockene Standort. Er kann klimatisch bedingt und in ausgesprochen niederschlagsarmen Regionen liegen. Andererseits gibt es Trockenwiesen aber auch in recht niederschlagsreichen Gebieten (mit 1000 mm Niederschlag pro Jahr und mehr) –

doch ist dann der Boden so flachgründig und wasserdurchlässig oder das Gelände so steil, daß alles Regenwasser sofort davonrinnt. Daher ist auch ein Boden, der zwar viel Wasser bekommt, es aber nicht für längere Zeit speichern kann, in jedem Fall ein Trockenstandort.

Wasser ist aber nicht der einzige wichtige Umweltfaktor, der den Charakter der Trockenwiese prägt. Die Unterschiede zwischen den verschiedenen Trocken- und Magerwiesen liegen vor allem auch in der Bodenraktion. Auf Kalkböden finden sich ganz andere Pflanzengemeinschaften als auf Böden, die über sauer verwitterndem Gestein entstehen.

Kalkmagerrasen

Ganz besonders bunt sind die auf Kalk- oder Lößböden wachsenden Magerrasen, die mit ihrer Pflanzen- und Tierwelt zu den artenreichsten Lebensgemeinschaften Mitteleuropas überhaupt gehören. Ihre Entstehung aus wärmeliebenden, trockenheitsverträglichen Laubwäldern verdanken sie weniger der Wiesenwirtschaft, sondern der jahrhundertelangen Beweidung vor allem durch Schafe.

Blütenstand des Wiesen-Salbeis. Unter- und Oberlippe der tiefgebauten Blüte sind gerade so weit geöffnet, daß eine dicke Hummel hineinpaßt. Sobald sie sich in den Blüteneingang vertieft, fährt von oben automatisch ein Paar Staubblätter herunter und stäubt sie ein. (Mit einem Grashalm kann man diesen Blüten-Schlagbaum ebenfalls auslösen.) ▶

Blumenwiesen erleben

Zu den besonderen Kennarten der Kalkmagerrasen gehören
- Fransen-Enzian (→ Seite 108)
- Karthäuser-Nelke (→ Seite 75)
- Berg-Klee (→ Seite 104)
- Tauben-Skabiose (→ Seite 116)
- Aufrechter Ziest (→ Seite 103)
- Dornige Hauhechel (→ Seite 84)
- Stengellose Kratzdisel (→ Seite 79)
- Gemeinsames Sonnenröschen (→ Seite 133)

Besonders bekannt sind die Kalkmagerrasen auch als Standort vieler einheimischer und geschützter Orchideen-Arten. Die meisten Gräser und Blumen der Magerrasen auf Kalk stammen gar nicht aus Mitteleuropa. Ihre engere Heimat sind vielmehr die Wärme- und Trockengebiete in Südost- und Südeuropa. Je nach geographischer Herkunft der Kennarten lassen sich zwei interessante Untergruppen des Kalkmagerrasens trennen, nämlich die kontinental geprägten Steppenrasen und die eher südeuropäischen Trespenrasen. Die Steppenrasen enthalten eine große Anzahl sehr seltener Pflanzenarten wie beispielsweise das gelbe Frühlings-Adonisröschen oder die wunderschönen Federgras-Arten. Sie kommen im Burgenland, im ostdeutschen Trockengebiet um Halle und westlich bis in die Umgebung von Mainz vor.

Die Trespen-Trockenrasen (Kennart: Aufrechte Trespe) findet man besonders an den Hängen des Maintals, in der Kalkeifel, auf der Schwäbischen und Fränkischen Alb sowie im Kaiserstuhl.

Viele Kalkmagerrasen sind wegen ihres Reichtums an sehr seltenen Arten Naturschutzgebiete, die man unbedingt respektieren muß.

Saure Magerrasen

Auch viele Magerrasen auf kalkfreien, nährstoffarmen und sauren Böden (Silikat- und Sandböden) sind ihrer Entstehung nach sehr oft Magerweiden. Sie entwickelten sich unter dem Einfluß der Beweidung durch Schafe und heißen bis heute auch noch Magertriften oder Schafhutungen. Nur verbißfeste Gehölze wie der Wacholder oder bestimmte Zwergsträucher wie die Besenheide konnten sich auf solchen Flächen halten oder sogar ausbreiten. Besonders über nährstoff- und ertragsarmen Sandböden entstehen aus Magerrasen ausgedehnte Zwergstrauchheiden, wie man sie vor allem im norddeutschen Tiefland, in Resten aber auch in der Mittelgebirgsregion findet. Manchmal wachsen in den Magertriften besonders große und sehr alte Laubbäume, die die jahrhundertelange Beweidung der Flächen übrig ließ. Die bilderbuchreifen Hudeeichen im Emsland oder in einigen anderen Gegenden sind solche Überbleibsel ehemaliger Magerweiden.

Neben dem Borstgras oder Bürstling, einem äußerst starren und steifen Süßgras, sind Kennarten der sauren Magerrasen

---

Trockenwiesen – kurz vorgestellt

Verbreitung: Oft in steilhängigen, schwer zugänglichen Lagen der Mittelgebirge Deutschlands, Österreichs und der Schweiz sowie im benachbarten Mitteleuropa; mitunter nur kleinflächig entwickelt.

Je nach Bodenbeschaffenheit und Lage von ganz unterschiedlichem Aussehen.

Bodentyp: Trockene, wasserdurchlässige, flachgründige Kalk- oder Silikatböden.

Nährstoffhaushalt: Meist nur geringes Nährstoffangebot, keine zusätzliche Düngung.

Schönster Blühaspekt: Frühjahr und Hochsommer.

Naturschutz: Äußerst typenreiche und aus zahlreichen gefährdeten Arten zusammengesetzte Lebensgemeinschaft. Durch Aufforstung und Düngung vielfach gefährdet. Unbedingt schützenswert!

Trockenwiesen sind unbedingt schützenswert

Tankstelle im Kleinstformat: Baumweißling am Blütenstand des Mittleren Wegerichs.

- Arnika (→ Seite 138)
- Blutwurz (→ Seite 127)
- Rundblättrige Glockenblume (→ Seite 112)
- Hasen-Klee (→ Seite 83)

Insgesamt sind die sauren Magerrasen oder Magerweiden viel artenärmer und selbst während der Vollblüte nicht so bunt wie die vielfältigen Kalkmagerrasen. Dennoch sind auch sie wegen ihrer besonderen Arten unbedingt schützenswert. Leider hat man in der Vergangenheit viele Silikatmagerrasen durch Aufdüngung in Allerweltsfettwiesen umgewandelt. Wo dies wegen der Geländeverhältnisse nicht möglich war, wurden die Magerrasen auch einfach mit Fichtenmonokulturen aufgeforstet. So sind die nährstoffarmen Magerrasen saurer Böden heute in vielen Gegenden schon recht seltene Lebensräume.

Zum Bild: In einer Wiese kommen die unterschiedlichsten Blütentypen vor – mit engen Röhren, weiten Glocken oder flachen Tellern. Jede Blütenform deckt den Tisch für bestimmte Blütengäste. Enge Röhren lassen beispielsweise nur langrüsslige Falter zu, für Fliegen oder Käfer gibt es hier nichts zu holen.

Trockenwiesen

Auf trockenen Magerrasen, auf nährstoffarmen, oft auch noch sehr flachgründigen und steinigen Boden siedeln fast nur noch ökologische Spezialisten, die sich mit besonderen Tricks auf die Widrigkeiten ihres Lebensraumes einstellen konnten.

Wiesen-Salbei

Witwenblume

Auch sehr karger Grund kann viele Blüten treiben.

Bergwiesen

Die europäischen Hochgebirge überraschen nicht nur mit großartigen Landschaftseindrücken, die zum unverzichtbaren Bestand fast aller Bildkalender gehören. In der Bergwelt der Alpen, der Pyrenäen und Karpaten haben sich Lebensgemeinschaften von Pflanzen und Tieren entwickelt, die es in dieser Artenzusammensetzung außerhalb der Hochgebirge kaum gibt. Ein Aufstieg aus dem Tal in die Gipfelfluren berührt nacheinander in jeder Höhenstufe eine völlig andere Pflanzenwelt. Aus dem Laubwaldgürtel führt der Weg hinauf durch den Bergnadelwald über die Krummholzbestände, Zwergstrauchspaliere und alpinen Matten bis an die Grenzmarke, wo auch mitten im Sommer Schnee und Eis liegenbleiben. Eine ganz ähnliche Reihenfolge würde man übrigens auch bei einer Wanderung quer durch Europa vom Alpenrand bis nach Nordskandinavien antreffen. Gürtelartig lösen sich auch dabei die mitteleuropäische Laubwaldzone, das nordische Nadelwaldgebiet und die arktische Zwergstrauchtundra ab.

Nach oben wird es immer bunter
Wie die Erfahrung zeigt, wird das Wirtschaftsgrünland vom norddeutschen Tiefland zu den höheren Mittelgebirgslagen hin zunehmend artenreicher und farbenfroher. Das Gefälle erklärt sich daraus, daß beispielsweise die norddeutsche Tiefebene eher ein Gebiet mit vorherrschender Weidewirtschaft ist, während in Süddeutschland eher die Mähwiesenwirtschaft Vorrang hatte. Außerdem reichen die natürlichen Verbreitungsgebiete gerade der großblumigen und sehr auffälligen Wiesenpflanzen oft gar nicht mehr über den Mittelgebirgssaum nach Norden hinaus. Eine Wiese im Weser-Ems-Gebiet fällt daher zwangsläufig etwas eintöniger aus als eine Bergwiese in der Rhön oder im Schwarzwald.

In den Alpen verstärkt sich dieser Trend sogar noch. Auf den Talwiesen findet man meist schon auf Anhieb mindestens zwei Dutzend verschiedene Wiesenblumen. Der Artenreichtum nimmt rasch zu, je höher die betreffende Alpenwiese liegt. Einen wahren Gipfelpunkt erreicht die Artenfülle in den alpinen Matten oberhalb der Baum- und Waldgrenze. In den Alpen kommen nämlich fast so viele verschiedene Blütenpflanzen-Arten vor wie im gesamten Mitteleuropa. Daher haben die Hochgebirgswiesen ein ungleich größeres Repertoir zur Verfügung, mit dem sie sich zur Blütezeit schmücken können.

Wiesen und Weiden im Bergland
Bei vielen Gebirgswiesen ist es wie bei den Wiesen der Niederungslandschaft: Sie breiten sich auf ehemaligen Waldstandorten aus und entstanden erst unter dem Einfluß des wirtschaftenden Menschen. Zunächst nutzte man nur die Alpentäler, machte sich dann aber auch zunehmend die sanfter geneigten Hänge nutzbar. In jedem Fall mußte der Bergwald zurückweichen. Unterhalb von etwa 1800 m in den Nordalpen oder rund 2200 m in den Südalpen haben die meisten Bergwiesen die Nachfolge ehemaliger Laub- oder Nadelwälder angetreten. Viele dieser Wirtschaftswiesen

Die schmucke Trichter- oder Paradieslilie findet man nur in den Bergwiesen der Südalpen. Die großen reinweißen Blüten sind ein herrlicher Blickfang. ▶

Oberhalb der Baumgrenze – alpine Urwiesen

entsprechen in Aussehen und Artenzusammensetzung einer Mähwiese (→ Seite 38). An gut zugänglichen Stellen werden sie auch entsprechend stark aufgedüngt und intensiv genutzt. Dann läßt natürlich auch hier der Artenreichtum zu wünschen übrig.

Erst oberhalb der Baumgrenze beginnt die Domäne der eigentlichen Bergwiesen. Wo das Hochgebirgsklima mit seinen wahrhaft einschneidenden Eigenschaften keine Bäume oder Hochsträucher mehr wachsen läßt, im Sommer jedoch größere Flächen zuverlässig schneefrei sind, breiten sich überaus artenreiche Gras- und Krautfluren aus, die man durchaus als natürliche Wiesen auffassen kann und tatsächlich auch als alpine Urwiesen bezeichnet. Dahinter verbirgt sich eine ganze Fülle unterschiedlicher Wiesentypen, deren jeder seine besonderen Standortansprüche und zum Teil auch eine eigene Wirtschaftsgeschichte aufweist. Oft handelt es sich bei den blumigen Matten der Hochregionen um Magerwiesen bzw. Magerrasen mit gänzlich abweichendem Artenbestand je nach Bodeneigenschaft und Ausgangsgestein (Kalk oder silikatisches Urgestein). Manche dieser Bestände werden zur Heuernte genutzt, sind also einschürige Futterwiesen – der Bergbauer nennt sie Mähder. Andere artenreiche Fluren bleiben überwiegend oder sogar ausschließlich dem Weidebetrieb vorbehalten.

Je nach Region heißen diese Grünflächen der alpinen Milchwirtschaft Alpe oder Alm.

◄ Alle Teile des Gelben Enzians enthalten größere Mengen von Bitterstoffen. Er wird deshalb vom Vieh weitgehend gemieden. Auf den sehr dicht stehenden, goldgelben Blüten finden sich vor allem kleine Käfer und eine Menge Fliegen als Besucher und Bestäuber ein.

Die heutigen Almwiesen nehmen in vielen Teilgebieten der Alpen einen größeren Raum ein, als ihnen von Natur aus zusteht: Vielfach hat der Mensch nämlich durch Holznutzung die Waldgrenze nach unten verschoben und damit gleichzeitig die Weideflächen des Almviehs vergrößert.

Alpine Borstgrasweide

Die Anzahl der wiesenartigen Pflanzengesellschaften der Alpen ist so groß, daß sie sich einer einfachen, ordnenden Übersicht widersetzen. Das Bild der Almwiesen ändert sich nämlich mit zunehmender Höhenlage und ist außerdem abhängig von Art und Ausmaß der Bewirtschaftung. Hinzukommen die beträchtlichen Unterschiede zwischen den Nord- und den Südalpen oder den westalpinen und ostalpinen Alpenwiesen. Alle diese Teilräume der Alpen beherbergen einen eigenen Pflanzenbestand. Das Gesamtbild der alpinen Pflanzenwelt oberhalb der Baum- und Waldgrenze erinnert in jedem Fall an einen kunterbunten Flickenteppich. Die grüne Einheitswiese, wie man sie in weiten Gebieten der Niederungslandschaft erlebt oder in jedem Stadtpark findet, kommt hier oben – zum Glück – nicht vor.

Sehr verbreitet und gleichzeitig auch recht typenreich sind die bodensauren Borstgrasweiden. Ihre Kennart ist das Borstgras, das eigenartigerweise auch noch einen außeralpinen Verbreitungsschwerpunkt aufweist und beispielsweise in den sauren Magerrasen der Mittelgebirge auftritt. Dieses Gras ist gegen Viehtritt und Verbiß außerordentlich widerstandsfähig und konnte sich daher gerade auf den beweideten Almen sehr ausdehnen. Der Borstgrasweiderasen ist verhältnismäßig kurzwüchsig. Um so mehr leuchten daraus die blumigen Begleiter heraus.

Zwischen 1000 und rund 2500 m Höhe findet man in dieser Pflanzengesellschaft der Silikatgebirge beispielsweise folgende Kennarten:

• Gold-Pippau (→ Seite 137)
• Alpen-Klee (→ Seite 82)
• Bärtige Glockenblume (→ Seite 113)
• Breitblättriger Enzian (→ Seite 114)
• Gelber Enzian (→ Seite 132)
• Rauhblättriger Löwenzahn (→ Seite 136)

In Lagen bis etwa 3000 m geht dieser buntblumige Rasen allmählich in den Krummseggenrasen über, eine Pflanzengemeinschaft, in der die eigenartige Krumm-Segge die wichtigste Leitart ist. Hier wachsen unter anderem auch sehr gerne die Berg-Nelkenwurz (→ Seite 135) oder der Knöllchen-Knöterich (→ Seite 99).

Alpine Kalkmagerfluren

Auf den sonnenwarmen Steilhängen der Kalkalpen ersetzt die Blaugrasflur den Borstgrasrasen der sauren Standorte. Blaugrasfluren oder -halden sind im Unterschied zu den Beständen des Borstgrases hochwüchsig und langstengelig. Daher werden sie von den Bergbauern zur Gewinnung von „Wildheu" gemäht – oft sogar unter Absturzgefahr. Die gelegentlich gemähten Blaugrasfluren in Mulden, Rinnen oder auf sanfter geneigten Hängen nennt man nach ihrer Nutzung auch Wildheuplanken. Im Juli oder August, zur Zeit der Vollblüte, bieten sie mit ihren wogenden Blüten unvergleichlich prachtvolle Bilder. Oft kommen auf nur kleinen Flecken dieser Pflanzengesellschaft mehr als 50 verschiedene Pflanzenarten vor.

Zu den Charakterarten gehören neben dem namengebenden Blaugras und der Horst-Segge

• Frühlings-Enzian (→ Seite 115)
• Stengelloser Enzian (→ Seite 114)
• Alpen-Aster (→ Seite 118)

sowie zahlreiche hochalpine Hahnenfuß-, Fingerkraut, Sonnenröschen-, Vergißmeinnicht- und Pippau-Arten.

Auch das bekannte Edelweiß ist Mitglied dieser Pflanzengesellschaft. Oberhalb 2500 m wird diese äußerst blumige und sehr artenreiche Flur zunehmend vom Violettschwingelrasen abgelöst. Der namengebende Violett-Schwingel ist ein hervorragendes Futtergras und wird sehr gerne von Gemsen oder Steinböcken gefressen. Bei mäßiger Düngung durch die weidenden Wildtiere wird der Pflanzenwuchs sehr gefördert und entwickelt sich sogar zu einer natürlichen, aber immer noch sehr artenreichen Fettweide, in der beispielsweise auch der Braun-Klee (→ Seite 140) und etliche Hochstauden vorkommen.

Kleine Pflanzen – große Blüten

An ihren hochgelegenen Wuchsplätzen müssen die Blumen und Gräser der Alpenwiesen einiges an Streß wegstecken können. Im steilen Gelände wechseln intensive Sonneneinstrahlung und grimmige Kälte sehr rasch ab, manchmal sogar innerhalb eines Tages. Ebenso schroff lösen sich reichlicher Niederschlag und anhaltende Trockenheit ab. Nicht zu unterschätzen ist auch der Wind, der besonders während der noch schneefreien Herbstwochen gewaltig an den Pflanzenteilen zerrt. Gegen solche Widrigkeiten der Umwelt müssen sich sämtliche Pflanzen schützen. Sie hüllen sich dazu in dichte Haarpelze, schmiegen sich mit kurzen, verdickten Stengeln an den Boden, entwickeln ledrige, mit dicken Wachsschichten überzogene Blätter und bleiben überhaupt um so kleiner, je härter die Lebensbedingungen ihres Wuchsplatzes sind. Nur eines passen sie nicht an – ihre Blüten. So winzig die dichtrasigen oder polsterförmigen Pflanzen manchmal auch sein mögen, so gewaltig erscheinen im Vergleich dazu ihre Blüten. Der Stengellose Enzian zeigt diesen Trend ebenso wie Alpen-Aster oder Alpen-Klee. Im kurzen Bergsommer kommt es diesen Blumen offenbar darauf an, alles in die Entwicklung üppiger Blüten zu investieren, damit nur ja die Samenbildung zum Überleben der Art gesichert ist.

Leihgaben aus allen Himmelsrichtungen

Die Vielfalt der Pflanzenarten im Bergland läßt sich nur schwer auf den ersten Blick erkennen, auch wenn unser Auge erstaunt registriert, wie unwahrscheinlich bunt ein Blumenteppich in der Gebirgsflur sein kann. Hinzu kommt aber auch noch, daß es hier beachtliche Unterschiede zwischen Nord und Süd oder Ost und West gibt. Eine Bergwiese auf der Schwäbischen Alb oder in den Vogesen enthält fast immer ganz andere Pflanzenarten als vergleichbare Lebensgemeinschaften im Schweizer Jura oder im österreichischen Vorarlberg. Die alpinen Matten und Rasen im Allgäu liefern ebenfalls ganz andere Bilder als die Bergwiesen in Kärnten oder der Steiermark, ganz zu schweigen von der Andersartigkeit der Blumenbestände in Südtirol oder im Gebiet der oberitalienischen Seen.

Die Mittelgebirge im südlichen Mitteleuropa und erst recht der gewaltige, die gesamte Mittelmeerregion abriegelnde Faltengebirgszug von den Pyrenäen über die Alpen bis zu den Karpaten sind zusammen ein so großes, ausgedehntes Bergland, daß ein einheitliches Pflanzenkleid denkbar unwahrscheinlich ist. Aus allen Richtungen sind über lange Zeiträume und weite Wege hinweg Pflanzenarten immer wieder in die Bergwelt eingewandert. Die klimatisch so begünstigten Südalpen stehen beispielsweise in engem räumlichen Kontakt zum blumenreichen Mittelmeergebiet, dazu aber auch mit den Gebirgszügen des Apennin und den Bergketten des Balkan. Verständlicherweise finden wir aus allen diesen Räumen Arten in der Bergwiesenflora der Alpen wieder. In den Ostalpen sind es ganz andere Arten als in den Westalpen. Wo sich die Verbreitungsgebiete verschiedener Pflanzenarten treffen oder sogar überschneiden, muß die Vielfalt ganz einfach zunehmen. Eine grüne Weide in Nordwesteuropa, beispielsweise in Irland, muß deswegen zwangsläufig einheitlicher und artenärmer sein als eine Wiesenflur im südlichen Mitteleuropa, in Süddeutschland, der Schweiz, Österreich und Oberitalien, weil sich hier ungleich mehr Ausbreitungswege und natürliche Verbreitungsgebiete von Pflanzenarten überkreuzen. Hinzukommt, daß im Hochgebirge Gesteinsuntergrund und Boden die Zusammensetzung der Pflanzengemeinschaften besonders auffällig mitbestimmen und damit zusätzlich die Buntheit fördern: Über Kalk findet man eine gänzlich andere Bergwiesenflora als über sauer verwitterndem Fels.

Bergwiesen – kurz vorgestellt

Verbreitung: Nahe und oberhalb der Waldgrenze in den Alpen, in Süddeutschland, Österreich und der Schweiz sowie im benachbarten Norditalien. In vergleichbarer Artenzusammensetzung und Nutzung auch in den Pyrenäen und Karpaten.

Bodentyp: Wechselfeuchte, wasserzügige, flach- oder mittelgründige Böden über Kalk- und Silikatgestein.

Nährstoffhaushalt: Mäßige bis gute Nährstoffversorgung, oft durch Düngung angereichert.

Schönster Blühaspekt: Hochsommer, vor dem Schnitt.

Naturschutz: Außerordentlich artenreiche Bestände mit zahlreichen schützenswerten Arten.

Bergwiesen

In den Alpen kommen viel mehr verschiedene Pflanzenarten vor als in anderen Lebensräumen. Daher sind Bergwiesen, alpine Matten und Hochgebirgsfluren außerordentlich blumenreich.

Arnika

Stengelloser Enzian

Bergblumen im Blick: Außer Alpenklee sieht man Händelwurz, Bärtige Glockenblume, Knabenkraut und Anemonen-Fruchtstände.

Das feine Streifenmuster in den Blüten des Gamander-Ehrenpreis und das hell
leuchtende Blütenzentrum sind Signaleinrichtungen für anfliegende Blütengäste.

Wiesenblumen bestimmen

Eine bunte Wiese ist nicht nur eine werbewirksame Einladung an Bienen, Falter und Schwebfliegen, sondern zieht wie magisch auch unsere Blicke auf sich. Mit ihren zarten und kräftigen, auf jeden Fall aber fein abgestuften Farben sind die Wiesenblumen eine besondere Freude für die Augen.
Aber nur wenn man nahe genug herangeht, sind die faszinierenden Einzelheiten von Form und Aufbau zu erkennen. Da gibt es eine Menge Feinheiten und Besonderheiten zu bewundern. Größe, Gestalt und Anzahl der Blütenorgane sind bei jeder Wiesenblume etwas anders. Manche enthalten zum Beispiel ganz viele Staubblätter, andere nur wenige in abweichender, kontrastreicher Färbung.

Ratschläge und Tips fürs Bestimmen

GU-Kennfarben-Code als Bestimmungshilfe

Im folgenden Bestimmungsteil sind die Wiesenblumen nach ihrer vorherrschenden Blütenfarbe in vier Farbgruppen aufgeteilt.

Roter Kennstreifen: Auf den Seiten 68 bis 85 finden Sie Wiesenblumen von zartem Rosa über Karmin und Purpur bis zu hellem Lila und Rotviolett.

Weißer Kennstreifen: Wiesenblumen mit reinweißen oder cremeweißen Blüten sowie solche mit weißem Strahlenkranz finden Sie auf den Seiten 86 bis 105.

Blauer Kennstreifen: Auf den Seiten 106 bis 123 stehen die Wiesenblumen mit Blüten von Hellblau über Dunkelblau bis zu kräftigem Blauviolett.

Gelber Kennstreifen: Die Seiten 124 bis 143 führen alle Wiesenblumen von Blaßgelb bis kräftigem Dottergelb auf.

Die Auswahl der Arten

In diesem GU Naturführer finden Sie alle wichtigen und interessanten Wiesenblumen-Arten Mitteleuropas. Die meisten Arten, die auf den Salzwiesen der Meeresküsten, in den Feucht- und Naßwiesen von Bach- oder Flußniederungen, auf den Trockenhängen der Mittelgebirge, den Hochlagen des Berglandes oder überall im Wirtschaftsgrünland vorkommen, lassen sich mit dieser Artenauswahl sicher und zuverlässig erkennen. Unberücksichtigt bleiben spezielle Arten aus sehr seltenen Lebensgemeinschaften, dazu auch Arten von eingeschränkter Verbreitung oder Kleinarten aus schwer zu unterscheidenden Formenkreisen. Die Artenauswahl zwischen Küste und Gebirge ist so getroffen worden, daß der Naturfreund alle diejenigen Blumen im Buch findet, die ihm auch draußen häufig begegnen.

Die Steckbriefe

Alle Farbfotos sind in freier Natur aufgenommen worden und zeigen die Wiesenblumen mit ihren kennzeichnenden Blüten-, Blatt- und Wuchsmerkmalen. Im Laufe von Wachstum und Entwicklung, Blühen und Reifen verändern selbstverständlich auch die Pflanzen in gewissem Umfang ihr Aussehen. Nicht alle Einzelheiten dieses Werdens und Vergehens kann ein arttypisches Foto festhalten. Wer sich an einer voll erblühten Pflanze auch die Blattmerkmale anschaut und einprägt, wird die Pflanze bestimmt auch im nichtblühenden Zustand wiedererkennen. Die Beschreibungstexte enthalten knappe und genaue Angaben, die zur raschen Identifizierung der Art erforderlich sind. Pflanzennamen: Angegeben ist jeweils der gebräuchliche deutsche und der wissenschaftliche Name nach dem neuesten Stand sowie die Pflanzenfamilie, zu der die betreffende Art gehört.

Erläuterungen zum Bestimmungsteil

Jeder Steckbrief enthält folgende Angaben:
Aussehen: Gesamteindruck der Pflanze, wie sie wächst und wie groß sie normalerweise ist.
Die Blüten sind das wichtigste Kennzeichen der Pflanze. Sie werden daher in der Beschreibung möglichst detailliert vorgestellt. Hier finden sich auch Angaben zum Aufbau der Blütenstände.
Die Stengel bestimmen mit ihrer Größe und Verzweigung das Aussehen der Pflanze. Die notwendigen Angaben erscheinen unter diesem Stichwort.
Die Blätter sind für das Wiedererkennen der Pflanzen auch außerhalb der eigentlichen Blütezeit wichtig. Einige Hinweise erleichtern das Verstehen von Blattform und -bau. (siehe dazu auch Seite 11).
Blütezeit: Die Angaben beziehen sich auf das mitteleuropäische Verbreitungsgebiet der aufgeführten Arten.
Vorkommen: Hinweise auf den Wiesentyp, in dem die betreffende Art vorzugsweise auftritt oder auf benachbarte Lebensgemeinschaften, in denen sie ebenfalls zu finden ist.
Bestimmungstip: Wichtige Ergänzungen zum übrigen Steckbrief, die die wichtigsten Unterscheidungsmerkmale zu verwandten oder ähnlichen Arten herausarbeiten oder interessante Zusatzinformationen zur Ökologie der jeweiligen Art geben.

Die Blütensilhouetten
Innerhalb der einzelnen Farbgruppen, die der Kennfarben-Code erschließt, finden Sie jeweils eines von vier Blütensymbolen, das den Zugang zu den einzelnen Arten erleichtert. Diese Symbole teilen die Wiesenblumen nach der Anzahl ihrer gestaltbestimmenden Blütenblätter ein. Hinsichtlich der Blütensymmetrie verteilen sich diese Formgruppen auf zwei Alternativen: Entweder sind die Blüten radförmig aufgebaut und weisen dann mehrere Symmetrieachsen auf, oder sie sind nur zweiseitig symmetrisch mit einer Spiegelungsebene von oben nach unten. Die vier Formgruppen und ihre Symbole sind:

 Vierzählige (vierstrahlige) Blüten mit vier Kron- und vier Kelchblättern, die kreuzförmig zueinander angeordnet sind.

Fünfzählige (fünfstrahlige) Blüten mit fünf Kron- und fünf Kelchblättern. Sofern die Blütenblätter miteinander verwachsen sind, kann man ihre ursprüngliche Anzahl an den Zipfeln oder Spitzen von Kelch und Krone leicht ermitteln.

Sechs- bis vielzählige (vielstrahlige) Blüten mit meist wesentlich mehr als sechs

Blütenblättern. Zu dieser Gruppe steuern insbesondere die Korbblütengewächse zahlreiche Arten bei.

 Zweiseitig symmetrische Blüten, meist klar in eine Ober- und Unterlippe geteilt.

Mit dem Formvergleich zwischen Silhouette und Blüte läßt sich sehr schnell der zugrundeliegende Konstruktionsplan einer Blüte durchschauen und besser verstehen.

Symbole und Abkürzungen

1 Die Pflanzenart ist geschützt.

! Die Pflanzenart ist giftig.

cm Größenangaben in den Steckbriefen = Wuchshöhe bzw. Stengellänge.

Blütenfarbe

Rot

Reinrote Blüten gibt es in
unseren Wiesen nicht, denn
die meisten Blütenbesucher
können reines Rot nicht
erkennen. Deshalb ist den
Rottönen oft noch eine
andere Farbe beigemischt,
so daß die Blüten mal mehr
rosa, mal kräftig purpurn,
dann aber auch lila oder
karmin aussehen. Sogar
die Farbübergänge zu Blau
oder Violett sind fließend.

Karthäuser-Nelken sind eine
sommerliche Zierde der
sauren und kalkhaltigen
Magerrasen.

Kreuzblütengewächse

1 Wiesen-Schaumkraut

1 Wiesen-Schaumkraut

Cardamine pratensis
Kreuzblütengewächse
Aussehen: Klein bis mittelgroß, schlank, meist in
größeren Beständen. 15–40
cm, kaum höher.
Blüten je nach Standort
blaßrosa oder hellila, seltener auch reinweiß (schattiger
Standort), mit 4 gleichgro-
ßen Blütenblättern und 6
gelben Staubblättern. Blüten
zu mehreren in lockeren
Trauben. Stengel aufrecht,
rund und hohl. Grundblätter
rosettig, gefiedert, Fiedern
rundlich. Fiedern der Stengelblätter schmalzipflig und
von unten noch oben immer
mehr vereinfacht. Längliche
Schotenfrucht.
Blütezeit: IV–VI.
Vorkommen: Fettwiesen
(→ Seite 38). Naß- und
Moorwiesen (→ Seite 32),
auch in Seggenbeständen
oder in lichten Laubwäldern.
Verbreitet bis häufig vom
Tiefland bis ins Gebirge, in
den Alpen bis in etwa
1700 m.
Bestimmungstip: Auffallend
ist der Unterschied zwischen
den grundständigen, rund-
lich gefiederten Rosetten-
blättern und den schmal-
linealisch gefiederten Sten-
gelblättern. Das Wiesen-
Schaumkraut gehört zu den
am frühesten blühenden
Wiesenblumen und prägt oft
das Bild feuchter Standorte.
Ähnlich ist das **Sumpf-
Schaumkraut** (*Cardamine
palustris*), das jedoch gestielte und abgerundet gefiederte Stengelblätter besitzt.
Das **Hain-Schaumkraut**
(*Cardamine nemorosa*) unterscheidet sich durch kräftig
rosafarbene Blütenblätter
und Rosettenblätter, deren
Endblatt sehr deutlich vergrößert ist. Das **Rauhhaarige
Schaumkraut** (*Cardamine
hirsuta*) ist wesentlich kleiner.

70

2 Sauerampfer

Der Sauerampfer bevorzugt fette Wiesen und
meidet zu trockene
Standorte.
Zur Blütezeit bestimmen
die rotbraunen Rispen oft
die Färbung der Wiese.
Der Sauerampfer ist windblütig und produziert
daher eine Unmenge an
Pollenkörnern.

3 Sauerampfer

2/3 Sauerampfer
Großer Ampfer

Rumex acetosa
Knöterichgewächse
Aussehen: Große, aber verhältnismäßig schlanke Pflanze. 30–70 cm.
Blüten klein und unscheinbar, mit 3, gelegentlich auch
4 inneren und äußeren Zipfeln von grünlicher oder rötlicher Färbung, eingeschlechtig (entweder nur mit
zahlreichen gelben Staubblättern oder nur mit einem
dicklichen Fruchtknoten).
Einzelblüten sehr zahlreich
in lockeren, schlanken, endständigen Rispen. Stengel
aufrecht, nur im Blütenstand
verzweigt, kahl. Blätter
wechselständig, gestielt oder
sitzend, mit herz- oder pfeilförmigem Blattgrund, vorne
spitz oder etwas abgerundet,
frischgrün, häufig aber auch
rotfleckig (besonders an
Fraßstellen).
Blütezeit: V–VI.
Vorkommen: Fettwiesen
(→ Seite 38). Magerwiesen
und -weiden, auch an Wegrändern oder an Böschungen. Ziemlich verbreitet vom
Tiefland bis ins Gebirge, in
den Alpen bis etwa 1700.
Bestimmungstip: Beim
Krausen Ampfer (*Rumex*
crispus), der bis zu 1 m hoch
wird, sind die Blätter wellig-
kraus, die Einzelblüten sind
grünlich und stehen in
Scheintrauben aus dichten
Blütenquirlen an allen Stengelverzweigungen.
In Magerwiesen oder Sandfluren kommt der **Kleine**
Ampfer (*Rumex acetosella*)
vor. Die Pflanze wird nur
etwa 30 cm hoch. Bei dieser
Art sind auch die oberen
Stengelblätter noch deutlich
gestielt. Die graugrünen
Blattflächen sind pfeilförmig
und biegen ihre großen
Eckzipfel meist deutlich
nach außen.

71

Storchschnabel- und Rauhblattgewächse

2 Gemeiner Beinwell

Der Gemeine Beinwell tritt in vielen Farbvarianten auf, am häufigsten sind jedoch die Blütenfarben purpur, rotviolett oder gelblich-weiß. Fünf Zipfel im Innern der Krone versperren den Eingang und lassen nur einen sehr schmalen Schlitz für besonders langrüsslige Hummeln frei.

1 Blutroter Storchschnabel

1 Blutroter Storchschnabel

Geranium sanguineum
Storchschnabelgewächse
Aussehen: Mittelgroß, etwas buschig. 15–50 cm.
Blüten karminrot oder blutrot, einzeln auf langen, behaarten Stielen. Blütenblätter etwas eingebuchtet. Stengel aufrecht oder aufsteigend, behaart, verzweigt. Blätter handförmig fünf- bis siebenteilig gespalten, einzelne Lappen sehr schmal und ihrerseits dreispaltig.
Bütezeit: V–VIII.
Vorkommen: Kalkmagerrasen (→ Seite 50), Saum von Trockengebüschen, vor allem im Mittelgebirge. Fehlt im nördlichen Tiefland.
Bestimmungstip: Der ähnliche **Sumpf-Storchschnabel** (*Geranium palustre*) in Naßwiesen trägt fast immer zwei Blüten auf einem Stiel.

2 Gemeiner Beinwell

Symphytum officinale
Rauhblattgewächse
Aussehen: Große, sehr kräftige, buschige Pflanze. 30–100 cm.
Blüten meist rötlich bis violettpurpurn, vielfach aber auch violett, gelblich oder reinweiß, röhrig-glockig, hängend, zu mehreren in end- oder blattachselständigen Blütenständen. Noch nicht entfaltete Blütenstände sind spiralig eingerollt. Stengel aufrecht, verzweigt, kantig, dicht behaart. Blätter lanzettlich, Grund- und Stengelblätter sehr groß, oft über 25 cm lang. Blattstiele geflügelt. Alle grünen Teile der Pflanze sind borstig rauhhaarig.
Blütezeit: IV–VII und IX–X.
Vorkommen: Moorwiesen (→ Seite 32), Ufer, Auen- und Bruchwälder. Verbreitet vom Tiefland bis in mittlere Gebirgslagen.
Bestimmungstip: Alle grü-

Knöterich- und Rosengewächse

Kleiner Wiesenknopf

3 **Schlangen-Knöterich**

4 **Großer Wiesenknopf**

nen Teile der Pflanze sind
borstig rauhhaarig.

3 Schlangen-Knöterich, Wiesen-Knöterich

Polygonum bistorta
Knöterichgewächse
Aussehen: Mittelgroß, kräftig, oft in Horsten. 30–80 cm.
Blüten sehr klein, rötlichweiß, zahlreich in langen,
dichten Ähren. Stengel unverzweigt, aufrecht. Blätter
mit herzförmigem Grund.
Blütezeit: V–VIII.
Vorkommen: Feuchtwiesen
(→ Seite 32), feuchte Bergwiesen (→ Seite 56), vom
Tiefland bis zum Gebirge.

Bestimmungstip: Kennart
feuchter Wiesen. Die rosaroten Blütenähren blühen von
unten nach oben auf.

4 Großer Wiesenknopf

Sanguisorba officinalis
Rosengewächse
Aussehen: Hohe, aber sehr
schlanke Pflanze. 50–120 cm.
Blüten sehr klein, purpurrot
bis braunrot, zahlreich in
länglich-ovalen Blütenköpfen zusammengedrängt, die
einzeln am Stengelende stehen. Stengel aufrecht, nur im
Bereich des Blütenstandes
locker verzweigt. Blätter
wechselständig, gefiedert.

Fiedern oval, gestielt, unterseits bläulichgrün, gezähnt.
Blütezeit: VI–IX.
Vorkommen: Naßwiesen
(→ Seite 32), feuchte Bergwiesen (→ Seite 68), auch an
Ufern. Verbreitet im Mittelgebirge und in den Alpen bis
1200 m. Im nördlichen Tiefland sehr selten.
Bestimmungstip: Der **Kleine
Wiesenknopf** (*Sanguisorba
minor*) wächst bevorzugt auf
trockenen, kalkhaltigen Böden. Seine rötlich-grünen
Blüten stehen in kugeligen
Köpfchen. Die Blätter
tragen meist mehr als 10 Fiederpaare.

Nelkengewächse

2 Kuckucks-Lichtnelke

Die Blüten der Roten Lichtnelke sind entweder rein männlich (nur mit Staubblättern) oder rein weiblich (Fruchtknoten mit 5 Griffeln). Die Blüten der Kuckucks-Lichtnelke sind zwittrig.

1 Rote Lichtnelke

1 Rote Lichtnelke, Rotes Leimkraut
Silene dioica
Nelkengewächse
Aussehen: Mittelgroß bis groß, kräftig, einzeln oder in Gruppen. 30–90 cm.
Blüten hell- bis purpurrot, mit 5 Blütenblättern, die tief zweispaltig sind. Einzelblüten zahlreich in rispigen Blütenständen. Stengel aufrecht, ästig, lang behaart. Blätter länglich-oval, behaart, gegenständig. Kapselfrucht.
Blütezeit: IV–IX.
Vorkommen: Naß- und Feuchtwiesen (→ Seite 32), Mähwiesen (→ Seite 38), feuchte Stellen in Wäldern und Gebüschen. Sehr häufig vom Tiefland bis ins Gebirge.
Bestimmungstip: Die Rote Lichtnelke öffnet im Unterschied zu den weißen Arten der Gattung die Blüten auch tagsüber.

2 Kuckucks-Lichtnelke
Lychnis flos-cuculi
Nelkengewächse
Aussehen: Mittelgroß, einzeln oder in großen Beständen. 30–80 cm.
Blüten fleischrot oder rosa, zu mehreren in lockeren Rispen. Blütenblätter vierzipfelig. Stengel aufrecht, glatt. Blätter schmal lanzettlich, etwas rauh, gegenständig. Kapselfrucht.
Blütezeit: V–VII.
Vorkommen: Naß- und Moorwiesen (→ Seite 32), Fettwiesen (→ Seite 46), Ufer, Gräben.
Häufiger Feuchtezeiger.
Bestimmungstip: Besonders kennzeichnend für die Kuckucks-Lichtnelke sind die schmalen Blätter und die vierzipfeligen Blütenblätter.
Die verwandte **Pechnelke** *(Lychnis viscaria)* besitzt nur leicht eingekerbte Blütenblätter und klebrige Leimringe am Stengel.

Nelkengewächse

3 Pracht-Nelke

Die Karthäuser-Nelke ist in ganz Mitteleuropa weit verbreitet und kommt in regional verschiedenen Formen vor, die sich vor allem in ihrer Blatt- und Blütengröße voneinander unterscheiden.

4 Karthäuser-Nelke

3 Pracht-Nelke

Dianthus superbus
Nelkengewächse
Aussehen: Mittelgroß, einzeln oder in lockeren Gruppen. 30–60 cm.
Blüten blaßrosa bis hellila, selten auch ganz weiß, auffallend groß. Blütenblätter unregelmäßig und sehr tief in zahlreiche Zipfel zerschlitzt, duften meist sehr stark. Stengel aufrecht, nur im oberen Teil verzweigt, rund und kahl. Blätter grasgrün, sehr schmal linealisch, unbehaart, gegenständig.
Blütezeit: VI–IX.
Vorkommen: Als einzige einheimische Nelkenart in Moorwiesen (→ Seite 32) oder wechselfeuchten Bergwiesen (→ Seite 56), auch in lichten Laubwäldern oder an Hängen. Fehlt im nordwestlichen Tiefland.
Bestimmungstip: Die großen Blütenblätter sind am Grunde warzig punktiert.

4 Karthäuser-Nelke

Dianthus carthusianorum
Nelkengewächse
Aussehen: Klein, sehr schlank, einzeln oder in Gruppen. 15–50 cm.
Blüte rosa- bis purpurrot, meist dicht gedrängt am Stengelende, nur selten einblütig. Blütenblätter leicht gezähnt. Stengel grasartig, aufrecht und dünn. Blätter schmal linealisch, grasähnlich, graugrün, gegenständig. Kapselfrucht.
Blütezeit: VI–IX.
Vorkommen: Magerrasen (→ Seite 50), Böschungen, sonnige Hänge, Waldränder. Nördlich der Mittelgebirge ziemlich selten, sonst bis ins Gebirge verbreitet.
Bestimmungstip: Besonders typisch sind die zahlreich zusammengedrängten Blüten und die dunklen Kelchblätter.

Bleiwurz- und Enziangewächse

2 Strand-Tausendgüldenkraut

Die Blütenblätter der Gemeinen Grasnelke fallen nach dem Abblühen nicht ab, sondern bleichen weißlich aus und bleiben bis zum Samenauswurf am Fruchtstand.

1 Gemeine Grasnelke

1 Gemeine Grasnelke, Strand-Grasnelke

Armeria maritima
Bleiwurzgewächse
Aussehen: Zierlich, schlank, in dichten, büscheligen Rosetten. 10–30 cm.
Blüten hellrosa, mit trichterförmiger Krone, zahlreich in dichten, halbkugeligen Köpfchen am Ende blattloser Stengel. Blätter grasartig, dunkelgrün, höchstens fingerlang, in dichten Horsten oder Rosetten.
Blütezeit: V–IX.
Vorkommen: Salzwiesen (→ Seite 26) an der Küste, selten auch an Salzstellen im Binnenland. Oft bestandbildend.
Bestimmungstip: Die **Alpen-Grasnelke** (*Armeria alpina*) ist sehr ähnlich, kommt aber nur in Magerrasen des Hochgebirges vor.

2 Strand-Tausendgüldenkraut

Centaurium littorale
Enziangewächse
Aussehen: Klein, zierlich, schlank. 5–25 cm.
Blüten rosa bis violett-rötlich, einzeln an Blütenstielen in lockeren oder dicht zusammengezogenen Blütenständen. Blütenkrone im unteren Teil engröhrig, im oberen Teil mit sternförmig ausgebreiteten Zipfeln. Staubblätter gelb. Stengel aufrecht oder aufsteigend, ästig, meist glatt. Blätter in grundständiger Rosette, Stengelblätter gegenständig, schmal-linealisch, am Rande glatt und unbehaart.
Blütezeit: VII–IX.
Vorkommen: Salzwiesen (→ Seite 26) im Küstenbereich.
Bestimmungstip: Das **Echte Tausendgüldenkraut** (*Centaurium minus*) kommt in Laubwäldern, Gebüschen und trockenen Rasen vor,

3 Salz-Schuppenmiere

4 Milchkraut

Das Milchkraut ist ausgesprochen „kochsalzliebend" und kommt nur auf salzhaltigen Strandwiesen an der Küste vor – selten auch an Salinen im Binnenland. Auf sehr stark beweideten Außendeich-Salzwiesen ist das Milchkraut oft eine der wenigen Salzpflanzen, die blühen, weil es mit seinem niedrigen Wuchs dem Biß der Weidetiere entgeht.

das **Zierliche Tausendgüldenkraut** (*Centaurium pulchellum*) besitzt keine rosettig angeordneten Grundblätter.

3 Salz-Schuppenmiere
Spergularia salina
Nelkengewächse
<u>Aussehen:</u> Klein, zart, liegend. 5–20 cm.
Blüten klein, tiefrosa, nur am Grund reinweiß, einzeln kurzgestielt an den Zweigenden. Blütenblätter ungefähr so lang wie die Kelchblätter. 2–5 Staubblätter. Stengel dünn, liegend oder ausgebreitet, verzweigt. Blätter gegenständig, dickfleischig, sehr schmal, vorne stumpf.
<u>Blütezeit:</u> V–IX.
<u>Vorkommen:</u> Salzwiesen (→ Seite 26) im Küstengebiet, selten im Binnenland.
<u>Bestimmungstip:</u> Am gleichen Standort kommt auch die **Flügelsamige Schuppenmiere** (*Spergularia media*) vor. Ihre Blüten sind etwas größer und nur zu den Spitzen hin kräftig rosa.

4 Milchkraut
Glaux maritima
Primelgewächse
<u>Aussehen:</u> Klein, niederliegend, einzeln oder in lückigen Rasen. 5–20 cm. Blüten rötlichweiß bis rosa, gelegentlich auch dunkler rot, glockenförmig, im vorderen Teil mit 5 Zipfeln, einzeln auf sehr kurzen Stielen in den Blattachseln der mittleren Stengelabschnitte. Stengel liegend oder etwas bogig aufsteigend, wurzelt an einigen Stellen. Blätter wechselständig, sehr dicht, elliptisch, fleischig, dunkelgrün.
<u>Blütezeit:</u> V–VIII.
<u>Vorkommen:</u> Salzwiesen (→ Seite 26) der Küste.
<u>Bestimmungstip:</u> Aufgrund seines Standortes unverwechselbar.

77

Korbblütengewächse

2 Gemeine Kratzdistel

1 Nickende Distel

3 Sumpf-Kratzdistel

1 Nickende Distel
Carduus nutans
Korbblütengewächse
Aussehen: Groß, kräftig.
50–100 cm.
Blütenköpfe groß, purpur-
rot, einzeln am Stengelende,
nahezu kugelig, hängen seit-
lich nach unten (nicken).
Stengel aufrecht, wenig verzweigt, weißfilzig, breitgeflü-
gelt und stachelig. Blätter
auf beiden Seiten grün, derbdornig, fiederspaltig.
Blütezeit: VII–IX.
Vorkommen: Kalkmagerwei-
den (→ Seite 50), Sandfluren, Wegränder. Vom Tief-
land bis in mittlere Gebirgslagen, in den Alpen nur bis
1000 m.
Bestimmungstip: In alpinen
Halbtrockenrasen kommt
die ähnliche, bis 60 cm hohe
Berg-Distel (*Carduus deflo-
ratus*) vor. Ihre Blütenköpfe
nicken nicht. Stengel meist
unverzweigt, im oberen Teil
ungeflügelt, Blätter ungeteilt, grobbuchtig, unterseits
kraus behaart.

2 Gemeine Kratzdistel
Cirsium vulgare
Korbblütengewächse
Aussehen: Groß, kräftig.
60–150 cm.
Blütenköpfe groß, einzeln
oder zu zweit am Stengel-
ende. Stengel aufrecht, spar-
rig verzweigt. Blätter auf der
Oberseite rauhhaarig, unterseits graufilzig, am Rande
mit langen, gelblichen Stacheln, am Stengel herablau-
fend.
Blütezeit: VII–IX.
Vorkommen: Feuchtwiesen
(→ Seite 32), verschiedene
grasige Krautgesellschaften,
auch an Ufern und Wegen.
Häufig bis in mittlere Gebirgslagen.
Bestimmungstip: In Naßwiesen kommt die **Knollige
Kratzdistel** (*Cirsium tubero-
sum*) vor. Ihre großen, pur-

Stengellose Kratzdistel

Die stengellose Kratzdistel (Cirsium acaule) ist durch ihre nicht- oder nur kurzgestielten Blüten, die in der Blattrosette sitzen, nicht zu verwechseln. Sie kommt vor allem auf Kalkmagerweiden in den Alpen bis auf 1300 m vor.

4 Stachel-Distel

purvioletten Blütenköpfe stehen einzeln, die Blätter sind unterseits etwas wollig und fiederspaltig.

3 Sumpf-Kratzdistel
Cirsium palustre
Korbblütengewächse
Aussehen: Groß, schlank, ästig. 90–200 cm.
Blütenköpfe klein, purpurn bis rötlichviolett, zu mehreren geknäult auf langen Stielen. Stengel aufrecht, stachelig geflügelt, bis oben beblättert. Blätter dornig gefiedert.
Blütezeit: VII–IX.
Vorkommen: Naß- und Moorwiesen (→ Seite 32),

verbreitet bis ins Gebirge.
Bestimmungstip: Bei der ähnlichen **Bach-Kratzdistel** (*Cirsium rivulare*) stehen immer nur 2–3 Blütenköpfe im Knäuel, die Blätter sind unterseits hellgrün.

4 Stachel-Distel, Weg-Distel
Carduus acanthoides
Korbblütengewächse
Aussehen: Groß, kräftig, 50–150 cm.
Blütenköpfe purpurrot, zu mehreren an den Stengelenden, aber nicht knäuelig gedrängt. Stengel aufrecht, verzweigt, bis oben kraus

und stachelig geflügelt. Blätter wechselständig, auf beiden Seiten grün, kahl, derbdornig, tief fiederspaltig,
Blütezeit: VI–IX.
Vorkommen: Magerweiden (→ Seite 50), trockene Sandfluren, auch Wegränder, zerstreut bis in mittlere Gebirgslagen, im Tiefland selten.
Bestimmungstip: Ähnlich ist die **Krause Distel** (*Carduus crispus*), deren hellrote Blütenköpfe zu 3–5 auf kurzen, geflügelten Stielen stehen. Die Blätter sind unterseits dicht spinnwebenartig filzig und daher weißlichgrün.

Korbblütengewächse

2 Wiesen-Flockenblume

1 Wiesen-Flockenblume

3 Skabiosen-Flockenblume

1/2 Wiesen-Flockenblume
Centaurea jacea
Korbblütengewächse
Aussehen: Mittelgroß bis
groß, einstengelig, schlank,
oft in größeren Beständen.
30–38 cm.
Blütenköpfe einzeln an den
Stengelenden, nur mit
Röhrenblüten, von denen die
äußeren deutlich vergrößert
sind. Hüllblätter bräunlich.
Stengel aufrecht, nur oben
wenig verzweigt, kantig.
Blätter wechselständig, rauh-
haarig, ungeteilt, lanzettlich.
Blütezeit: VI–X.
Vorkommen: Mähwiesen
(→ Seite 38), Fettweiden

(→ Seite 46), verschiedene
Magerrasen, ziemlich häufig
bis in mittlere Gebirgslagen.
Bestimmungstip: Bei der
ähnlichen **Schwarzen
Flockenblume** (*Centaurea
nigra*) sind die Randblüten
nicht vergrößert, die Hüllblätter schwärzlich, die Blätter deutlich gezähnt.

3 Skabiosen-Flockenblume
Centaurea scabiosa
Korbblütengewächse
Aussehen: Mittelgroß, bu-
schig verzweigt. 30–100 cm.
Blütenköpfe purpurrot, ein-
zeln an langen Stielen, nur
mit Röhrenblüten, von de-

nen die äußeren deutlich vergrößert sind. Hüllblätter mit
dunkelbraunem Rand. Sten-
gel aufrecht, kantig, wenig
verzweigt. Blätter wechselständig, auf beiden Seiten
spärlich rauhhaarig, in zahlreiche, schmalzipfelige Fiedern gespalten.
Blütezeit: VI–X.
Vorkommen: Kalkmagerrasen
(→ Seite 50), Magerweiden,
sonnige Gebüsch- und Waldränder, meist gesellig, vor allem in den Mittelgebirgen, in
den Alpen bis 2100 m, im
nordwestlichen Tiefland sehr
selten.
Bestimmungstip: Durch die

Liliengewächse

4 Herbst-Zeitlose

**Als Verbindungsglied
zwischen den im Frühjahr
hervorbrechenden Blättern
und den erst im Spät-
sommer erscheinenden
Blüten der Herbst-Zeitlose
dient die unterirdische,
nährstoffspeichernde
Knolle.**

5 Schachblume

großen Blütenköpfe und die geteilten Stengelblätter nicht zu verwechseln.

4 Herbst-Zeitlose
Colchicum autumnale
Liliengewächse
Aussehen: Zur Blütezeit ohne Blätter. Bis 25 cm. Blüten rosaviolett. Blüten-blätter zu je 6 am Grund zu einem bis zu 20 cm langen, weißlichen Stengel (Blüten-röhre) verwachsen. Der Fruchtknoten sitzt tief im Boden. Erst im nachfolgen-den Frühjahr erscheint die walnußgroße, fleischige, grüne Fruchtkapsel, umge-

ben von 5–6 glänzendgrünen Blättern.
Blütezeit: VII–X.
Vorkommen: Feuchtwiesen (→ Seite 32), Auenwiesen, vor allem im Mittelgebirge, in den Alpen bis 1400 m. Im nordwestlichen Tiefland sehr selten oder fehlend.
Bestimmungstip: Erinnert an besonders große Krokusse. Durch die Blütezeit jedoch unverwechselbar.

5 Schachblume
Fritillaria meleagris
Liliengewächse
Aussehen: Klein, schlank. 20–30 cm.

Blüten einzeln am Ende sehr dünner, unverzweigter Sten-gel, hängend, glockenförmig, dunkelpurpurn mit schach-brettartig angeordneten hel-leren Flecken. 3–6 Blätter, graugrün, sehr schmal, ober-seits mit Rinne.
Blütezeit: IV–V.
Vorkommen: Feuchtwiesen (→ Seite 32), Bachauen. Sehr selten, aber gesellig. In Mit-teleuropa vom Aussterben bedroht, streng geschützt.
Bestimmungstip: Die Schachblume kann mit kei-ner anderen Pflanze nasser Wiesenstandorte verwechselt werden.

Schmetterlingsblütengewächse

1 Alpen-Klee

2 Zickzack-Klee

3 Wiesen-Klee

Nicht nur zur Blütezeit ist der Alpen-Klee eine ausgesprochen schmucke Pflanze der Bergwiesen. Auch nach dem Abblühen bleibt er noch bunt und auffällig – seine schmalzipfligen Kelche verfärben sich zur Fruchtreife nämlich intensiv karminrot.

1 Alpen-Klee
Trifolium alpinum
Schmetterlingsblütengewächse
Aussehen: Klein, horstförmig. 5–20 cm.
Blüten fleischrosa bis purpurn, zu 3–12 in lockeren Köpfchen.Blätter dreiteilig,mit linealisch schmalen, bis10 cm langen Teilblättchen, diese meist aufrecht.
Blütezeit: VI–VIII.
Vorkommen: Subalpine und alpine Magerrasen, Bergwiesen (→ Seite 56). Überwiegend in den West- und Südalpen, bis 3100 m.
Bestimmungstip: In seinem Verbreitungsgebiet unverwechselbar.

2 Zickzack-Klee, Mittlerer Klee,
Trifolium medium
Schmetterlingsblütengewächse
Aussehen: Klein oder mittelgroß. 30–50 cm.
Blüten karminrot oder purpurrot, zahlreich in eiförmigen oder kugeligen Köpfen, meist einzeln am Stengelende. Stengel aufsteigend, kahl, zickzackartig geknickt. Blätter dreiteilig, Teilblättchen unterseits kahl, fein gezähnt, schmal-elliptisch.
Blütezeit: VI–VIII.
Vorkommen: Magerwiesen (→ Seite 50), trockene Wiesen, Gebüschsäume, Ebene bis mittlere Gebirgslagen.
Bestimmungstip: Nur mit der Lupe eindeutig zu bestimmen: Einzelblüte mit kahlem Kelch, zehnnervig.

3 Wiesen-Klee, Rot-Klee
Trifolium pratense
Schmetterlingsblütengewächse
Aussehen: Klein, rasenbildend, ausgebreitet. 5–20 cm.
Blüten hellpurpurrot, zahlreich in kugeligen oder ovalen Köpfen, diese meist zu

Schmetterlingsblütengewächse

5 Hasen-Klee

4 Inkarnat-Klee

Die Blütenköpfe des Hasenklees wirken pelzartig (Name!). Das kommt von den langen Kelchhaaren. Obwohl die Pflanze recht häufig ist, wird sie oft übersehen. Der Haarpelz paßt sie nämlich farblich an den hellen Sandboden ihres Standortes an.

zweit am Stengelende. Stengel aufrecht oder aufsteigend, behaart. Blätter dreiteilig, Teilblättchen ganzrandig, oval, weißfleckig.
Blütezeit: V–IX.
Vorkommen: Fettwiesen (→ Seite 38), Naßwiesen (→ Seite 32), verbreitet bis ins Gebirge.
Bestimmungstip: Sehr formenreiche Art. Die Blätter sind unterseits behaart.

4 Inkarnat-Klee
Trifolium incarnatum
Schmetterlingsblütengewächse
Aussehen: Klein bis mittelgroß, oft in Beständen. 20–50 cm.
Blüten kräftig karminrot bis hochrot, zahlreich in länglich-ovalen Köpfchen, diese einzeln am Stengelende. Blätter dreiheilig, Teilblättchen breit-oval, vorne feingezähnt.
Blütezeit: V–VII.
Vorkommen: Fettwiesen (→ Seite 38), oft angebaut, verwildert in grasigen Sandfluren.
Bestimmungstip: Der Inkarnat-Klee ist die einzige Klee-Art mit intensiv blutroten Köpfen und unverwechselbar.

5 Hasen-Klee
Trifolium arvense
Schmetterlingsblütengewächse
Aussehen: Klein, filzig, meist bestandsbildend. 5–40 cm. Blüten sehr klein, erst weiß, dann rötlich, zahlreich in walzlichen Köpfchen am Stengelende. Stengel aufrecht, ästig. Blätter dreiteilig, graugrün.
Blütezeit: V–VII.
Vorkommen: Magerrasen (→ Seite 50), Sandfluren, Brachland, Wegränder, ziemlich häufig.
Bestimmungstip: Blütenköpfe dicht silbrig behaart.

Schmetterlingsblütengewächse

1 **Bunte Kronwicke**

2 **Dornige Hauhechel**

3 **Futter-Esparsette**

Die Futter-Esparsette wurde im Mittelalter in Frankreich als Futterpflanze angebaut, da sie verhältnismäßig proteinreich ist. Sie gilt als Beispiel für eine ehemalige Kulturpflanze, die sich fest in die einheimische Wildkrautflora eingebürgert hat.

1 Bunte Kronwicke
Coronilla varia
Schmetterlingsblütengewächse
Aussehen: Mittelgroß, liegend, sehr buschig. 30–80 cm.
Blüten mit weißlichem Schiffchen, rosafarbenen Flügel und rosaroter Fahne, 10–20 in lockerer, lang gestielter Dolde. Stengel kantig, liegend, verzweigt, kahl. Blätter gefiedert, 11–25 eiförmige Fiederblättchen.
Blütezeit: V–IX.
Vorkommen: Kalkmagerrasen (→ Seite 50) und andere Halbtrockenrasen, bis in mittlere Gebirgslagen. Fehlt im Nordwesten.
Bestimmungstip: Die zweifarbigen Blütenstände sind unverwechselbar.

2 Dornige Hauhechel
Ononis spinosa
Schmetterlingsblütengewächse
Aussehen: Klein, strauchig, am Grunde holzig. 30–60 cm.
Blüten rosa bis purpurn, längsstreifig, einzeln oder zu 2–3 an dornigen Kurztrieben. Stengel zweireihig behaart. Blätter dreiteilig, obere oft ungeteilt.
Blütezeit: VI–IX.

Vorkommen: Kalkmagerrasen (→ Seite 50), Magerweiden, Wegränder, bis in mittlere Gebirgslagen.
Bestimmungstip: Die ähnliche **Kriechende Hauhechel** (*Ononis repens*) ist rundum behaart und meist dornenlos.

3 Futter-Esparsette, Saat-Esparsette
Onobrychis viciifolia
Schmetterlingsblütengewächse
Aussehen: Mittelgroß, etwas buschig, locker verzweigt. 30–60 cm.
Blüten rosarot mit dunklerer Aderung, zahlreich in längli-

5 Breitblättriges Knabenkraut

Das Fleischfarbene Knabenkraut ist sehr formenreich: Es gibt zartrosa, pupurfarbene, fleischrote, aber auch gelbe oder sogar weiße Blüten. Die rosafarbenen Formen überwiegen jedoch.

4 Fleischfarbenes Knabenkraut

chen Trauben, die von unten nach oben aufblühen. Blätter mit 10–25 schmalen, graugrünen Teilblättern.
Blütezeit: V–VII.
Vorkommen: Kalkmagerrasen (→ Seite 50) der Mittelgebirge, sonst sehr selten.
Bestimmungstip: Sehr formenreiche Art. Die roten, länglichen Blütentrauben sind unverwechselbar.

4 Fleischfarbenes Knabenkraut
Dactylorhiza incarnata
Orchideengewächse
Aussehen: Schlank, mittelgroß. 20–60 cm.

Blüten zartrosa, purpurn, selten auch gelb, mit ungeteilter oder schwach dreilappiger Lippe, zahlreich in einer walzlichen Ähre, an die das oberste Stengelblatt heranreicht.
Blütezeit: V–VI.
Vorkommen: Feucht- und Moorwiesen (→ Seite 32), oft auch in Kalkniedermooren, von der Ebene bis in mittlere Gebirgslagen.
Bestimmungstip: Die bleichgrüne Gesamterscheinung trennt die Art zuverlässig von anderen Knabenkräutern feuchter Wiesenstandorte.

5 Breitblättriges Knabenkraut
Dactylorhiza majalis
Orchideengewächse
Aussehen: Mittelgroß, etwas gedrungen. 20–60 cm.
Blüten dunkelrot mit deutlicher Linienzeichnung, in dichter, pyramidenförmiger Ähre. Stengel kräftig, im oberen Teil oft purpurn. Blätter mit dunklen, purpurnen Flecken.
Blütezeit: V–VI.
Vorkommen: Naßwiesen (→ Seite 32), Niedermoore.
Bestimmungstip: Die untersten Tragblätter sind meist länger als die Blüten.

Weiß

Weiß ist strengenommen keine Blütenfarbe. Blütenweiß entsteht dadurch, daß viele winzige Lufteinschlüsse in den Blütenblättern das gesamte einfallende Sonnenlicht unverändert zurückwerfen – wie ein blankpolierter Spiegel. Neben reinweißen Blumen gibt es auch solche, die eher cremeweiß sind oder einen ganz zarten Hauch von Rosa aufgetragen haben. Sie alle sind in dieser Farbgrupe enthalten.

Wiesen-Margeriten, wegen ihres üppigen Auftretens auch Wiesen-Wucherblumen genannt, recken ihre Blütenköpfe immer der Sonne entgegen.

87

Sumpf-Labkraut

Das Wiesen-Labkraut kommt meist bestandsbildend auf nährstoffreichem Boden vor. In seinem dichten Gezweig legen oft die Schaumzikaden ihre blasig-schaumigen Nester an. „Kuckucksspeichel" nennt man diese Gebilde, die man im Frühjahr und Frühsommer an vielen Wiesenpflanzen finden kann. Die Schaumnester dienen dem Schutz der wehrlosen Larven.

1 Wiesen-Labkraut

1 Wiesen-Labkraut, Gemeines Labkraut
Galium mollugo
Rötegewächse
Aussehen: Mittelgroß, ziemlich buschig. 30–90 cm. Blüten geschlossen gelblich, geöffnet reinweiß. Blütenblätter mit sehr fein zugespitzten, fast grannenartigen Zipfeln, radförmig ausgebreitet. Blütenstände außerordentlich vielblütig, in endständigen Rispen. Bestände des Wiesen-Labkrauts sehen von weitem wie weiße Kissen aus. Stengel vierkantig, aufsteigend und oft an andere Wiesenpflanzen gelehnt, glatt, sehr reichverzweigt. Blätter meist flach oder nur ganz wenig an den Rändern umgebogen, zu 4–8 in etagenförmigen Quirlen.
Blütezeit: V–IX.
Vorkommen: Fettwiesen (→ Seite 38), Magerrasen (→ Seite 50), auch entlang von Gebüschsäumen oder in Auenwäldern, vom Tiefland bis etwa 2000 m.
Bestimmungstip: In Mitteleuropa gibt es insgesamt mehr als zwei Dutzend verschiedene Labkraut-Arten. In Naß- und Moorwiesen (→ Seite 32) kommt beispielsweise das ziemlich häufige **Moor-Labkraut** (*Galium uliginosum*) vor. Die Staubblätter seiner kleinen, bis 2 mm breiten Blüten sind gelb, die Stengelblätter werden beim Trocknen schwärzlich. Am gleichen Standort kann man auch mit dem ähnlichen **Sumpf-Labkraut** (*Galium palustre*) rechnen, dessen Staubblätter jedoch rot sind. Außerdem tragen die Stengelblätter im Unterschied zu den übrigen Labkraut-Arten von Wiesen-Standorten eine deutliche Stachelspitze. Auf mageren, kalkarmen Sandböden wächst das **Heide-Labkraut** *(Galium pusillum).*

Nelkengewächse

2 Gras-Sternmiere

Im Unterschied zu den Sternmieren sind bei den Hornkräutern die weißen Blütenblätter im vordersten Drittel gespalten. Der Name Hornkraut ist auf die Form der hornartig gebogenen Fruchtkapseln zurückzuführen.

3 Acker-Hornkraut

2 Gras-Sternmiere

Stellaria graminea
Nelkengewächse
Aussehen: Mittelgroß, jedoch sehr zierlich. 20–50 cm. Blüten reinweiß, einzeln am Ende langer Blütenstiele. Blütenblätter sehr schmal, bis zum Grunde zweispaltig (Blüte daher scheinbar zehnblättrig), höchstens so lang wie die zwischen ihnen sichtbaren grünen Kelchblätter. Stengel vierkantig glatt, sehr schlaff, liegend oder aufsteigend, nur im oberen Teil wenig verzweigt. Blätter gegenständig, grasgrün, linealisch.
Blütezeit: IV–VI.

Vorkommen: Magerrasen (→ Seite 50), Bergwiesen (→ Seite 56), auch an Wegrändern oder im Saum von Äckern. Von der Ebene bis ins Gebirge häufig.
Bestimmungstip: Die recht ähnliche **Sumpf-Sternmiere** (*Stellaria palustris*) kommt in Moorwiesen vor. Ihre weißen Blütenblätter sind länger als die Kelchblätter.

3 Acker-Hornkraut

Cerastium arvense
Nelkengewächse
Aussehen: Kleine, lockerrasige Pflanze. 15–30 cm. Blüten reinweiß, lang gestielt, groß. Die weißen Kronblätter sind nur im vorderen Drittel zweispaltig. Stengel liegend, wurzelt an den Blattansatzstellen. Blätter gegenständig, lanzettlich, flaumig, aber nicht filzig behaart.
Blütezeit: IV–IX.
Vorkommen: Magerrasen (→ Seite 50), Dünen, trockene Säume, Ackerraine, weit verbreitet und häufig.
Bestimmungstip: Das sehr ähnliche **Gemeine Hornkraut** (*Cerastium holosteoides*) unterscheidet sich durch graugrüne, dicht weißlich behaarte Blätter.

1 Gemeines Leimkraut

1 Gemeines Leimkraut, Taubenkropf-Leimkraut, Aufgeblasenes Leimkraut

Silene vulgaris

Nelkengewächse

<u>Aussehen:</u> Kleine bis mittelgroße Pflanze, meist in Gruppen oder sogar bestandsbildend, 20–50 cm. Blüten reinweiß, zahlreich in lockeren Blütenständen. Besonders auffallend ist an den Blüten der aufgeblasene Kelch, der an einen bauchigen Krug erinnert und ein rötliches Netzmuster zeigt. Der aus dem Kelch herausragende Teil der weißen oder ganz leicht rosafarbenen Blütenblätter ist zweispaltig. Im Unterschied zur Weißen Lichtnelke (→ Seite 91) sind die Blüten stets zwittrig, enthalten also Staubblätter und Fruchtknoten. Stengel aufrecht oder aufsteigend, kahl, Blätter gegenständig, lanzettlich, zugespitzt, kahl, leicht blaugrün.

<u>Blütezeit:</u> VI–IX.

<u>Vorkommen:</u> Magerrasen (→ Seite 50), trockenere, nur mäßig nährstoffreiche Wiesen, dazu auch an Gebüschsäumen, entlang von Wegen und Böschungen. Vom Tiefland bis ins Gebirge sehr häufig.

Bestimmungstip: Viel seltener ist das nahe verwandte **Kegel-Leimkraut** (*Silene conica*). Sein Kelch ist nicht netzartig geadert, zeigt dafür jedoch bis zu 30 Längsnerven und läuft spitzkegelig zu. Die Blütenblätter sind weißlich oder hellrosa. Auf den Sandmagerrasen und Dünen des Küstengebietes kommt das **Ohrlöffel-Leimkraut** (*Silene otites*) vor. Seine Blütenblätter sind unscheinbar weißlich-grün und nicht in zwei Zipfel geteilt. Der Blütenstand ist jedoch sehr reichblütig. Die Blüten sind entweder männlich oder weiblich.

Nelkengewächse

2 Nickendes Leimkraut

Die Weiße Lichtnelke
gehört wie das Nickende
Leimkraut zu den Nacht-
blühern, das heißt, ihre
Blüten öffnen sich erst am
Spätnachmittag.
Gegen Abend zu verstärkt
sich der zarte Duft der
Blüten, um Bestäuber
(Nachtfalter) anzulocken.
Die recht enge Kronröhre
verrät, daß hier nur
Insekten mit besonders
langem Saugrüssel vom
Nektar naschen können.
Oft stehen Nachtfalter im
Schwirrflug vor den Blüten
und „tanken auf".

3 Weiße Lichtnelke

2 Nickendes Leimkraut

Silene nutans
Nelkengewächse
Aussehen: Kleinere bis mittelgroße Pflanze, einzeln
oder in Gruppen. 30–60 cm.
Blüten reinweiß oder ganz
leicht rosa, einzeln auf langen Stielen, stets auch unten
hängend. Blütenblätter sehr
schmal, tief zweispaltig, auch
rückwärts umgebogen. Stengel aufrecht, nur im Blütenstand verzweigt, im unteren
Teil behaart, im oberen
leicht klebrig. Blätter gegenständig, lanzettlich, behaart.
Blütezeit: V–VIII.
Vorkommen: Kalkmagerra-
sen (→ Seite 50), Gebüschsäume, Trockenhänge, lichte
Laubwälder. Vom Tiefland
bis in mittlere Gebirgslagen,
ziemlich häufig.
Bestimmungstip: Die Blüten
einer Pflanze hängen alle
nach der gleichen Seite über.
Sie öffnen sich erst abends.

3 Weiße Lichtnelke, Weißes Leimkraut

Silene alba
Nelkengewächse
Aussehen: Mittelgroße, kräftige Pflanze, einzeln oder in
Gruppen. 30–100 cm.
Blüten reinweiß, einge-
schlechtig: Blüten männli-
cher Pflanzen nur mit Staubblättern und kurzem, zehn-
nervigem Kelch. Weibliche
Blüten nur mit grünem
Fruchtknoten und zwanzig-
nervigem Kelch. Stengel aufrecht, gabelig verzweigt,
kurz behaart. Blätter gegenständig, länglich oval.
Blütezeit: VI–IX.
Vorkommen: Trockenrasen
(→ Seite 50), Wegränder,
Unkrautfluren an Schuttstel-
len, Gebüschsäume von Fettwiesen. Bis in mittlere Gebirgslagen häufig.
Bestimmungstip: Die Blüten
öffnen sich erst am späteren
Nachmittag.

Doldenblütengewächse

1 Wiesen-Kerbel

2 Wiesen-Kerbel

Auf stark stickstoffhaltigen Wiesen wächst der Wiesen-Kerbel besonders gut. Zur Blütezeit prägt er fast allein das Bild der Wiese mit seinen weißen Blütenschirmen, die alle anderen Pflanzen überragen. Die großen, meist ausgebreiteten Dolden sind für viele Insekten so einladend wie ein Ausflugslokal. Auf den Blütenständen kann man oft Dutzende von Schwebfliegen oder Weichkäfern beobachten, die sich Nektar oder Pollen holen.

1/2 Wiesen-Kerbel
Anthriscus sylvestris
Doldenblütengewächse
Aussehen: Groß, kräftig, buschig. 70–150 cm.
Einzelblüten weiß, klein. Blütenblätter vorne abgerundet oder nur ganz leicht eingebuchtet. Zahlreiche Einzelblüten bilden mit ihren ungefähr 1 cm langen Stielen ein Döldchen. Etwa 8–15 Döldchen ergeben eine Dolde. Die am Rande der Dolde sitzenden Blütenblätter sind deutlich größer als die in der Mitte. Von weitem oder bei nur flüchtigem Hinsehen erscheint die Dolde daher wie eine besonders große Blüte mit weißem Strahlenkranz. Stengel aufrecht, nur im oberen Teil verzweigt, hohl, kantig gefurcht, meist nicht gefleckt, grasgrün oder rötlich überlaufen. Blätter im Umriß dreieckig, dreifach gefiedert, mit sehr schmalen Endzipfeln. Frucht spindelförmig, glatt und ohne Rippen, mit gefurchtem Schnabel.
Blütezeit: IV–VIII (Frühsommer- und Hochsommerblühwelle).
Vorkommen: Fettwiesen (→ Seite 46), Bergwiesen (→ Seite 56), Obstbaumwiesen, Hecken- und Wegränder. Sehr häufig vom Tiefland bis in die Gebirgsstufe.
Bestimmungstip: Weiße Doldenblütler sind nicht leicht zu unterscheiden. Der Wiesen-Kerbel zeichnet sich durch glänzende, dunkelgrüne Blätter und einen gefurchten, meist grünen Stengel aus.
Ähnlich der **Hecken-Kälberkropf** (*Chaerophyllum temulum),* dessen Blätter jedoch verwaschen graugrün aussehen, viel lappiger und höchstens doppelt gefiedert sind. Der Stengel ist rotfleckig.

Doldenblütengewächse

3 Wilde Möhre

**Ein sicheres Kennzeichen der Wilden
Möhre ist die schwarzpurpurne Blüte
oder Blütengruppe in der Mitte der
Dolde. Aufgrund ihrer Farbe nennt
man sie Mohrenblüte.
Besonders Fliegen verstehen diese
Mohrenblüte als einladendes Signal
zum Blütenbesuch.**

4 Wilde Möhre

3/4 Wilde Möhre

Daucus carota
Doldenblütengewächse
Aussehen: Mittelgroß, aber
kräftig, einzeln oder im Bestand. 50–100 cm.
Einzelblüten weiß, mit Ausnahme der schwarzpurpur-
nen Mohrenblüte in der
Mitte, von der der Name
„Möhre" abgeleitet wurde.
Die weißen Einzelblüten bilden kleine Dolden, an deren
Grund schmale, ungeteilte
Hüllblättchen sitzen. Zahlreiche Döldchen ergeben die
bis 8 cm breite Dolde, an deren Basis zipfelig geteilte
Hüllblätter stehen. Zur Blütezeit ist die Dolde ziemlich
flach oder in der Mitte ein
wenig eingedellt. Die Randblüten sind größer als die in
der Mitte. Stengel aufrecht,
nicht hohl, etwas kantig, abstehend borstig behaart.
Blätter mehrfach gefiedert,
mit sehr schmalen Endzip-
feln, duften beim Zerreiben
fein aromatisch nach fri-
schen Möhren. Nach der
Blüte zieht sich der gesamte
Blütenstand zu einem
vogelnestartigen Gebilde zusammen. Die ovalen Früchte
tragen am Rand zwei Reihen
hakiger Stacheln. Damit
können sie bei der Reife in
Gefieder oder Fell einrasten
und sich verschleppen lassen.
Blütezeit: V–VII.
Vorkommen: Fettwiesen
(→ Seite 46), Magerrasen
(→ Seite 50), auf Brachland,
an Wegrändern und Bö-
schungen. Vom Tiefland bis
in mittlere Gebirgslagen sehr
häufig.
Bestimmungstip: Wie alle
weißblühenden Dolden-
blütler nicht einfach zu bestimmen. Die seltsame Mohrenblüte in der Doldenmitte,
die geteilten Hüllblätter und
das feine Möhrenaroma sind
jedoch unverwechselbare
Kennzeichen.

Doldenblütengewächse

1 Wiesen-Bärenklau

2 Wiesen-Bärenklau

Der Wiesen-Bärenklau ist eine sehr häufige Wiesenblume und prägt oft mit seinen weißen Dolden das Aussehen einer Wiese. Seine jungen Blätter werden gerne als Kaninchenfutter gesammelt.

1/2 Wiesen-Bärenklau

Heracleum sphondylium
Doldenblütengewächse
Aussehen: Groß, stattlich, kräftig. 80–180 cm.
Einzelblüten reinweiß, zu mehreren in halbkugeligen Döldchen, die ihrerseits auffallend große Dolden bis 15 cm Durchmesser zusammensetzen. Die Blütenblätter am Rande der Döldchen sind gegenüber den inneren sehr stark vergrößert und umgeben den Blütenstand mit einem kleinen Strahlenkranz. Stengel aufrecht, steifhaarig, dick, etwas kantig. Blätter grob gelappt oder gefiedert, borstig behaart.
Blütezeit: VI–X.
Vorkommen: Fettwiesen (→ Seite 46), aber auch Auengebüsche und -wälder oder Staudenfluren an Gräben. Vom Tiefland bis in mittlere Gebirgslagen verbreitet.
Bestimmungstip: Sehr formenreiche Art. Typisch sind die deutlich vergrößerten Randblüten.

3 Wiesen-Kümmel

Carum carvi
Doldenblütengewächse
Aussehen: Mittelgroß, feingliedrig, meist vereinzelt oder kleine Gruppen, 30–70 cm.
Einzelblüten klein, reinweiß. Blütenblätter vorne sehr tief eingebuchtet, äußere deutlich größer als innere, Döldchen in der 2–4 cm breiten Dolde auf sehr ungleich langen Stielen. Stengel aufrecht, reich verzweigt, kahl, etwas längsstreifig. Blätter im Umriß länglich-oval, doppelt gefiedert mit sehr feinen, schmalen Endzipfeln, duften beim Zerreiben stark aromatisch nach Kümmel.
Blütezeit: V–VII.
Vorkommen: Fettwiesen (→ Seite 46), Bergwiesen

94

3 Wiesen-Kümmel

Wie alle Doldenblüten-
gewächse entwickelt auch
die Große Bibernelle
besonders formschöne
Früchte mit feinem Leisten-
ornament. Je zwei Früchte
sitzen sich am gleichen
Stielchen gegenüber.

4 Große Bibernelle

(→ Seite 56), gelegentlich
auch an Weg- und Ackerrändern.
Bestimmungstip: Die besonders feinteiligen Blätter, die
verhältnismäßig kleinen Dolden und das charakteristische Aroma sind unverwechselbare Kennzeichen.

4 Große Bibernelle, Große Pimpinelle

Pimpinella major
Doldenblütengewächse
Aussehen: Groß, kräftig, einzeln oder im Bestand.
40–100 cm.
Einzelblüten reinweiß oder
rosa, zahlreich in halbkugelig

gewölbten Döldchen, diese zu
10–25 in einer 3–6 cm breiten,
zusammengesetzten Dolde.
Stengel aufrecht, nur im oberen Teil verzweigt, kantig gefurcht und bis oben beblättert. Blätter wechselständig,
einfach gefiedert. Fiederblättchen länglich-oval.
Blütezeit: VI–IX.
Vorkommen: Fettwiesen
(→ Seite 46), Bergwiesen
(→ Seite 56), bildet dort oft
den Hochsommeraspekt, im
Tiefland selten.
Bestimmungstip: Die gro-
ßen, glänzenden Blätter und
der kahle, hohle Stengel sind
unverwechselbar.

Die **Kleine Bibernelle** *(Pimpinella saxifraga)* unterscheidet sich von der Großen
Bibernelle durch einen fein
gerillten, fast drehrunden
und nach oben blattlosen
Stengel, sowie kreisrunde
Fiederblättchen.
Zur gleichen Gattung gehört
auch der **Anis** *(Pimpinella
anisum)*, der aber nie in Wiesen vorkommt.
Bei allen diesen Dolden-
blütengewächsen duften die
Blüten fast überhaupt nicht.
Die starken Aromastoffe
befinden sich meist in den
Blättern und Stengeln der
Pflanze.

Doldenblütengewächse

Meisterwurz

1 Wald-Engelwurz

2 Bärwurz

1 Wald-Engelwurz
Angelica sylvestris
Doldenblütengewächse
<u>Aussehen:</u> Groß, kräftig, bu-
schig. 100–200 cm.
Blüten reinweiß oder leicht
rosa, zahlreich in kugeligen
Döldchen, die auf 10–20 cm
langen, flaumig behaarten
Stielen Dolden bis 20 cm
Breite bilden. Stengel rund,
weiß-bräunlich bereift, aufrecht. Blätter sehr groß, auffallend dunkelgrün, zwei- bis
dreifach gefiedert mit bauchigen Blattscheiden. Fiederblättchen stachelspitzig,
auf der Unterseite behaart.
<u>Blütezeit:</u> VII – IX.

<u>Vorkommen:</u> Naßwiesen
(→ Seite 32) Auenwälder
und Staudenfluren an Ufern,
vom Tiefland bis ins Gebirge.
<u>Bestimmungstip:</u> Die **Mei-
sterwurz** (*Peucedanum
ostruthium*) kommt in subal-
pinen Staudenfluren und
Bergwiesen vor. Kennzeichnend sind ihre breiten, auf
der Unterseite hellgrünen
Blattabschnitte und die stark
bauchigen Blattscheiden.

2 Bärwurz
Meum athamanticum
Doldenblütengewächse
<u>Aussehen:</u> Klein bis mittel-
groß, büschelig. 15–60 cm.

Blüten weiß oder leicht rötlich, zahlreich in halbkugeligen Döldchen, diese zu 6–15
auf sehr ungleichlangen, an-
gerauhten Stielen in 5–6 cm
breiten Dolden. Stengel
hohl. Blätter fast alle grundständig, drei- bis vierfach gefiedert.
<u>Blütezeit:</u> VI–VIII.
<u>Vorkommen:</u> Bergwiesen
(→ Seite 56), Magerrasen
(→ Seite 50), meist auf kalkarmen, mäßig sauren Böden
im höheren Mittelgebirge.
<u>Bestimmungstip:</u> Die äußerst
feingliedrigen, dunkelgrünen
Blätter duften beim Zerreiben sehr stark nach Anis.

Korbblütengewächse

3 Sumpf-Schafgarbe

Die Farbe der Zungenblüten der Gemeinen Schafgarbe reichen von Reinweiß bis Cremefarben, können aber auch rötlich oder sogar tiefrot gefärbt sein. Wie der Name schon sagt, wird die Pflanze gern von Schafen gefressen.

4 Gemeine Schafgarbe

3 Sumpf-Schafgarbe

Achillea ptarmica
Korbblütengewächse
Aussehen: Mittelgroß, ziemlich schlank. 20–80 cm.
Die wie Einzelblüten aussehenden Blütenköpfe tragen außen meist 5, gelegentlich aber auch mehr, weißliche Zungenblüten, innen schmutzigweiße Röhrenblüten und sind zu mehreren in einer Trugdolde angeordnet. Stengel aufrecht, behaart, kantig, erst im oberen Teil locker verzweigt. Blätter wechselständig, ungestielt, lanzettlich, fein gezähnt.
Blütezeit: VII–IX.

Vorkommen: Naß- und Moorwiesen (→ Seite 32), Staudenfluren entlang von Flüssen und Bächen, von der Ebene bis in mittlere Gebirgslagen weit verbreitet.
Bestimmungstip: Anhand der viel größeren Blütenköpfe und der ungeteilten, graugrünen Stengelblätter von der Gemeinen Schafgarbe zu unterscheiden.

4 Gemeine Schafgarbe

Achillea millefolium
Korbblütengewächse
Aussehen: Mittelgroß, kräftig, meist in Gruppen oder im Bestand. 20–60 cm.
Die in einer Trugdolde stehenden Einzelblüten tragen außen 5 (oft auch nur 4) weiße oder rötliche Zungen-, innen gelbliche Röhrenblüten. Stengel aufrecht, außerhalb der Blütenstände unverzweigt, sehr zäh. Blätter wechselständig, zwei- bis dreifach gefiedert.
Blütezeit: VI–X.
Vorkommen: Fettwiesen (→ Seite 46), Magerrasen (→ Seite 50), an Weg- und Ackerrändern. Vom Tiefland bis ins Gebirge.
Bestimmungstip: In den Alpen kommen mehrere kleinwüchsige Arten vor.

Steinbrech- und Herzblattgewächse

Purgier-Lein

1 Knöllchen-Steinbrech

2 Sumpf-Herzblatt

1 Knöllchen-Steinbrech

Saxifraga granulata
Steinbrechgewächse
Aussehen: Klein, schlank, zierlich. 20–50 cm.
Blüten weiß, sternförmig ausgebreitet, am Grund trichterförmig, einzeln auf langen Blütenstielen. Blütenstand locker verzweigt. Stengel aufrecht, klebrig behaart. Blätter in grundständiger Rosette, rundlich-nierenförmig, tief eingekerbt, mit Brutzwiebeln in den Blattachseln. Stengelblätter unauffällig und sehr klein.
Blütezeit: V–VI.
Vorkommen: Fettwiesen (→ Seite 46), Magerrasen (→ Seite 50), mäßig nährstoffreiche Säume, ziemlich häufig von der Ebene bis in höhere Mittelgebirgslagen. Fehlt in den Alpen.
Bestimmungstip: Könnte mit einem Hornkraut (→ Seite 89) verwechselt werden, Blätter beachten!

2 Sumpf-Herzblatt

Parnassia palustris
Herzblattgewächse
Aussehen: Klein, einzeln oder im Bestand. 10–30 cm.
Blüten einzeln auf langen Stielen. Blütenblätter weiß mit grünlichen Nerven. Neben den 5 pollenspendenden Staubblättern sind auch noch 5 gefranste Gebilde mit hellgelben Drüsenköpfen (zur Insektenanlockung) vorhanden. Blütentragender Stiel im unteren Drittel mit nur einem herzförmigen, sitzenden Blatt. Grundblätter rosettig, herzförmig, aber langgestielt.
Blütezeit: VII–IX.
Vorkommen: Moorwiesen (→ Seite 32), aber auch Kalkmagerrasen (→ Seite 50), zerstreut, aber meist sehr gesellig, vom Tiefland bis in die Alpen.
Bestimmungstip: Zur Blüte-

98

Knöterich- und Rosengewächse

3 Knöllchen-Steinbrech

Das Mädesüß wächst bevorzugt auf feuchtem Boden. Die weißen bis cremefarbenen Blüten mit den zahlreichen Staubblättern stehen in doldenartigen Rispen und verströmen, auch nach dem Trocknen, einen stark süßlichen Geruch.

4 Echtes Mädesüß

zeit mit den gestreiften Blütenblättern und dem herzförmigen Blatt am Stiel unverwechselbar. Der **Wiesen-** oder **Purgier-Lein** (*Linum catharticum*) ist eine kleine, bis 20 cm hohe Pflanze mit schmalen, gegenständigen Blättern und fünfzähligen weißen Blüten in lockeren Ripsen.

3 Knöllchen-Knöterich
Polygonum viviparum
Knöterichgewächse
Aussehen: Klein, einzeln oder in lockeren Beständen. 5–25 cm.
Blüten reinweiß, seltener auch rötlich, dicht gedrängt am oberen Stengelende. Unterhalb befinden sich zahlreiche braunrote Brutknospen. Stengel aufrecht oder aufsteigend, kantig, einfach oder wenig verzweigt. Blätter dicklich, oberseits glänzend, am Rand umgerollt.
Blütezeit: V–IX.
Vorkommen: Magerrasen (→ Seite 50) der Alpen, auch in Nordeuropa. Häufig.
Bestimmungstip: Unverwechselbar die Zweiteilung des Blütenstandes in einen Abschnitt mit weißen Blüten und einen mit rötlichen Brutknöllchen.

4 Echtes Mädesüß
Filipendula ulmaria
Rosengewächse
Aussehen: Groß, kräftig, strauchig. 50–150 cm.
Blüten gelblich-weiß. Blütenstände sehr reichblütig und unregelmäßig verzweigt. Stengel aufrecht, kantig, erst im oberen Teil verzweigt. Blätter wechselständig, gefiedert, 2–5 Fiederpaare.
Blütezeit: VI–VIII.
Vorkommen: Naß- und Moorwiesen (→ Seite 32), Ufergebüsch, häufig vom Tiefland bis ins Gebirge.
Bestimmungstip: Unverwechselbar.

1 Margerite

1 Margerite, Wiesen-Wucherblume

Chrysanthemum leucanthemum
Korbblütengewächse
<u>Aussehen:</u> Mittelgroß, kräftig, oft in großen Beständen und aspektbestimmend. 20–80 cm.
Blütenköpfe 3–6 cm breit, einzeln an den Enden der Stengel und Seitenäste, mit 20–25 weißen, rein weiblichen Zungenblüten am Rande und etwa 400 kräftig gelben, zwittrigen Röhrenblüten in der Mitte. Äußere Hüllblätter der Blütenköpfe mit bräunlichem Rand. Stengel aufrecht, wenig verzweigt. Blätter glänzend dunkelgrün, am Grunde gestielt, am Stengel sitzend oder ihn leicht umfassend, länglich-spatelförmig, grob gezähnt.
<u>Blütezeit:</u> VI–IX.
<u>Vorkommen:</u> Sehr häufig. Magerwiesen (→ Seite 50), Fettwiesen (→ Seite 38), Weiden, auch auf Brachland oder auf frisch aufgeschüttetem Gelände. Vom Tiefland bis ins Gebirge.
<u>Bestimmungstip:</u> Die Margerite ist weltweit verbreitet, gut bekannt und unverwechselbar.

2 Gänseblümchen, Maßliebchen

Bellis perennis
Korbblütengewächse
<u>Aussehen:</u> Klein, rosettenförmig, selten über 10 cm. Die Blütenköpfe stehen einzeln auf langen, dünnen Stielen. Die weißen Randstrahlen sind jedoch einzelne, rein weibliche Zungenblüten, während das kräftig gelbe Zentrum des Köpfchens aus zwittrigen Röhrenblüten besteht. Die Zungenblüten können manchmal auf der Rückseite und besonders in der Spitzenregion kräftig rot gefärbt sein. Stengel auf-

Korbblütengewächse

2 Gänseblümchen

Die Blütenköpfe des Gänseblümchens öffnen sich frühmorgens und schließen sich gegen Abend mit hereinbrechender Dämmerung. Bei trübem oder regnerischem Wetter bleiben die Köpfe geschlossen. Bei strahlendem Sonnenschein richten sie sich dagegen wie kleine Solarantennen nach dem Sonnenstand.

3 Alpen-Wucherblume

recht, rund, behaart. Alle Blätter stehen in einer bodenanliegenden Rosette. Sie sind spatelförmig oder verkehrt-eiförmig, ganz spärlich behaart und am Rande glatt oder undeutlich gekerbt.
Blütezeit: I–XII.
Vorkommen: Auf Wiesen aller Art, Garten- und Parkrasen, Weiden. Vom Tiefland bis in mittlere Gebirgslagen weit verbreitet und häufig.
Bestimmungstip: Gänseblümchen gehören zu den bekanntesten Blütenpflanzen überhaupt. In den Alpen kommt in Quellmooren und an sickerfeuchten Hängen

das ähnlich aussehende **Alpen-Maßliebchen** (*Aster bellidiastrum*) vor. Im Unterschied zum Gänseblümchen sind die Blätter des Alpen-Maßliebchens jedoch grob gezähnt.

3 Alpen-Wucherblume
Chrysanthemum alpinum
Korbblütengewächse
Aussehen: Klein, meist rasenbildend. 5–15 cm. Blütenköpfe 1–4 cm breit, einzeln an den Enden der aufrechten oder aufsteigenden Stengel, außen mit 15–20 reinweißen oder leicht rötlichen Zungenblüten und

zahlreichen goldgelben Röhrenblüten in der Mitte. Stengel aufrecht oder aufsteigend. Grundständige Blätter graugrün, kahl, fiederspaltig mit schmalen Zipfeln, Stengelblätter schmal lanzettlich, dem Stengel ansitzend.
Blütezeit: VII–VIII.
Vorkommen: Magerrasen (→ Seite 50), nur in der alpinen Stufe zwischen 1600 und 2400 m.
Bestimmungstip: Die ähnliche **Hallers Wucherblume** (*Chrysanthemum atratum*), hat einheitlich scharf gesägte, fleischige Blätter.

1 Traubige Graslilie

2 Frühlings-Krokus

3 Weiße Narzisse

1 Traubige Graslilie
Anthericum liliago
Liliengewächse
Aussehen: Mittelgroß, meist einzeln. 30–60 cm.
Blüten reinweiß, sternförmig, zu 6–10 am Ende des Stengels in lockerer Traube. Stengel aufrecht, sehr schlank. Blätter grasartig schmal, in grundständiger Rosette.
Blütezeit: V–VII.
Vorkommen: Magerrasen (→ Seite 50), Trockengebüsche, meist auf kalkarmem Boden. Mittelgebirge, fehlt im nordwesteuropäischen Tiefland und in den Alpen.

Bestimmungstip: Auf Kalkböden kommt die ähnliche **Ästige Graslilie** (*Anthericum ramosum*) mit rispigem Blütenstand vor.

2 Frühlings-Krokus, Weißer Krokus
Crocus albiflorus
Schwertliliengewächse
Aussehen: Sehr klein, aber gewöhnlich außerordentlich zahlreich 8–15 cm.
Blüte sehr groß. Blütenblätter reinweiß oder hellviolett, im vorderen Abschnitt frei, am Grunde zu einer langen, schlanken Röhre verwachsen. Staubblätter kräftig

gelb. Narbe gefiedert und tief orangegelb. Blätter grasartig schmal, mit hellem Mittelstreif, zur Blütezeit meist noch nicht zu voller Länge herangewachsen.
Blütezeit: II–IV (VI).
Vorkommen: Bergwiesen (→ Seite 56), auf nährstoffreichen, frischen Böden, verbreitet und meist in großen Mengen, vor allem in den Alpen.
Bestimmungstip: Der Frühlings-Krokus kann weiß oder hellviolett blühen, wobei die violetten Formen seltener sind. An seinem Standort keine Verwechslungsart.

Narzissen- und Lippenblütengewächse

Weiße Taubnessel

Die Weiße Taubnessel (Lamium album)
wächst unter anderem auch auf
Fettwiesen. Sie ist sehr bekannt und
kann höchstens mit weißen Formen anderer Taubnessel-Arten verwechselt
werden.

4 Aufrechter Ziest

3 Weiße Narzisse

Narcissus poeticus
Narzissengewächse
Aussehen: Klein bis mittelgroß, sehr schlank, gewöhnlich in Massenbeständen.
20–40 cm.
Blüten immer einzeln am
Ende eines unverzweigten,
dreikantigen Stengels, mit 6
reinweißen, radförmig ausgebreiteten Blütenblättern
und einer schüsselförmigen,
orangegelben Nebenkrone
mit rotem Rand. Blätter
schmal-linealisch, etwas fleischig, bläulich-grün.
Blütezeit: IV–V.
Vorkommen: Bergwiesen

(→ Seite 56), feuchte Ab-
hänge und Gebüsche, höhere
Mittelgebirge (Vogesen)
Südalpen und Gebirge Sü-
deuropas, bis etwa 1600 m.
Selten, aber immer sehr gesellig.
Bestimmungstip: Unver-
wechselbar.

4 Aufrechter Ziest,
   Berg-Ziest

Stachys recta
Lippenblütengewächse
Aussehen: Mittelgroß, sehr
schlank, einzeln oder in
lockeren Beständen. 20–60
cm.
Blüten cremeweiß oder rein-

weiß, mit helmförmig ge-
wölbter Oberlippe und zwei-
lappiger Unterlippe, zu mehreren in den Blattachseln im
oberen Stengelabschnitt.
Stengel aufrecht, wenig verzweigt, vierkantig, behaart.
Blätter kreuzgegenständig,
wenig gesägt oder gekerbt.
Blütezeit: VI–X.
Vorkommen: Kalkmagerra-
sen (→ Seite 50), Gebüschsäume, trockenes Brachland.
Fehlt im Tiefland.
Bestimmungstip: Durch die
braunfleckige Unterlippe
und die länglichen Stengelblätter von Taubnesseln klar
zu unterscheiden.

103

Schmetterlingsblütengewächse

1 Berg-Klee

2 Weiß-Klee

Der Weiß-Klee wächst sehr rasch und wuchert schnell großflächig aus, so daß er andere Blütenpflanzen und Gräser unterdrückt – in „gepflegten" Rasenflächen wird er deshalb nicht gerne gesehen und rigoros bekämpft.

1 Berg-Klee
Trifolium montanum
Schmetterlingsblüten-
gewächse
<u>Aussehen:</u> Klein, meist ge-
sellig. 15–40 cm.
Blüten elfenbeinfarben oder
reinweiß. alle deutlich gestielt, zahlreich in kugeligen
oder eiförmigen Blütenköpfen. Stengel wollig behaart,
aufrecht oder an den Enden
aufsteigend. Blätter dreiteilig, Teilblätter auf der Unterseite behaart, am Rand stachelig gezähnt und viel länger als breit. Hülsenfrucht.
<u>Blütezeit:</u> V–VII.
<u>Vorkommen:</u> Kalkmagerra-

sen (→ Seite 50), auch an
Wald- und Gebüschsäumen.
Fehlt im nordwesteuropäi-
schen Tiefland, sonst in den
Kalkgebieten bis in mittlere
Gebirgslagen verbreitet.
<u>Bestimmungstip:</u> Der Berg-
Klee wurzelt im Unterschied
zum Weiß-Klee nicht an den
Blattansatzstellen. Seine
Stengel sind wollig behaart,
die Teilblätter schmal läng-
lich.
Der ähnlich aussehende
Blaßgelbe Klee *(Trifolium ochroleucon)* kommt nur
auf kalkfreien Böden vor
und hat beidseits behaarte
Blätter.

2 Weiß-Klee
Trifolium repens
Schmetterlingsblüten-
gewächse
<u>Aussehen:</u> Klein, dichtrasig.
15–40 cm.
Blüten reinweiß und auf-
recht, zahlreich in einem
langgestielten Köpfchen.
Stengel niederliegend und
kriechend, wurzelt an mehreren Stellen. Blätter dreiteilig, unterseits kahl, Teilblätter eiförmig mit heller
Fleckenzeichnung. Hülsen-
frucht.
<u>Blütezeit:</u> V–IX.
<u>Vorkommen:</u> Mähwiesen
(→ Seite 38), Fettwiesen

Rachenblütengewächse

3 Gemeiner Augentrost

(→ Seite 46), Parkrasen, Acker- und Wegränder. Sehr häufig und fast immer bestandsbildend.

Bestimmungstip: Die verblühenden Blüten werden bräunlich, die Köpfchen biegen sich nach unten. Der ähnliche **Schweden-Klee** (*Trifolium hybridum*) ist größer und hat weißliche bis rötliche Blüten. Beim ähnlichen Berg-Klee, der auf Trockenrasen wächst, ist der Stengel wollig behaart, die Teilblätter sind schmal länglich. Er wurzelt nicht an den Blattansatzstellen.

3 Gemeiner Augentrost, Wiesen-Augentrost

Euphrasia rostkoviana
Rachenblütengewächse
Aussehen: Klein, einzeln oder in lockeren Gruppen. 5–35 cm.
Blüten mit kurzer, nach rückwärts gebogener Oberlippe und dreilappiger, größerer Unterlippe, weiß mit feinen bläulichen Längsstreifen und großem, dottergelbem Farbfleck. Manchmal ist die gesamte Blüte auch zartrosa überlaufen. Zu mehreren in endständigen Ähren. Stengel auf recht oder aufsteigend, mit krie-

chender Grundachse, nur im oberen Teil verzweigt. Blätter bis 10 mm lang, breit oval und spitz gezähnt, auf beiden Seiten mit Drüsenhaaren besetzt, gegenständig. Kapselfrucht.
Blütezeit: V–X.
Vorkommen: Fettwiesen (→ Seite 46), kalkarme Magerrasen (→ Seite 50), mitunter auch in Moorwiesen (→ Seite 32), vor allem im Bergland. Fehlt im nordwestlichen Tiefland.
Bestimmungstip: Die Blüten des Gemeinen Augentrost sitzen immer in den Achseln der oberen Stengelblätter.

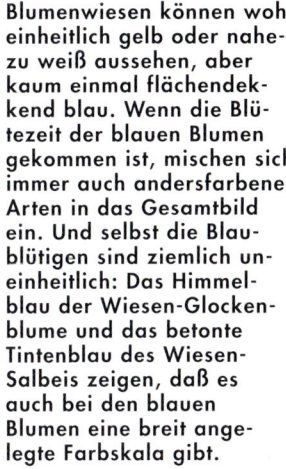

Blau

Blumenwiesen können wohl einheitlich gelb oder nahezu weiß aussehen, aber kaum einmal flächendeckend blau. Wenn die Blütezeit der blauen Blumen gekommen ist, mischen sich immer auch andersfarbene Arten in das Gesamtbild ein. Und selbst die Blaublütigen sind ziemlich uneinheitlich: Das Himmelblau der Wiesen-Glockenblume und das betonte Tintenblau des Wiesen-Salbeis zeigen, daß es auch bei den blauen Blumen eine breit angelegte Farbskala gibt.

Im Hochsommer macht die Mähwiese blau.

2 Fransen-Enzian

Der Fransen-Enzian ist unverwechselbar, denn er blüht recht spät im Jahr und ist die einzige Enzian-Art mit vierzähligen, gefransten Blüten. Zur Anlockung von Bestäubern verströmt die Blüte einen intensiven Veilchenduft.

1 Fransen-Enzian

1/2 Fransen-Enzian, Gefranster Enzian

Gentianella ciliata
Enziangewächse
Aussehen: Klein, zierlich, einzeln, 8–25 cm.
Blüte leuchtendblau, einzeln am Ende des Stengels, ganz selten auch einmal mehrere Blüten. Krone mit vier ausgebreiteten Zipfeln, die am Rande fransenartige Anhängsel tragen. Stengel aufrecht oder aufsteigend, meist unverzweigt, vierkantig. Blätter einnervig, linealisch oder lanzettförmig.
Blütezeit: VIII–X.
Vorkommen: Kalkmagerrasen (→ Seite 50) und Steinrasen der Kalkgebirge, in den Alpen bis 2250 m, nördlich bis zur Eifel.
Bestimmungstip: Der Fransen-Enzian ist die einzige einblütige Enzian-Art mit einer vierzähligen, kreuzförmigen Blüte. Wichtiges Artkennzeichen sind die zipfligen Fransen an den Blütenblättern.
Der **Kreuz-Enzian** (*Gentiana cruciata*) wächst ebenfalls auf Kalkmagerrasen, in Kieferntrockenwäldern, an Gebüschrändern und Wegsäumen in Kalkgebieten. Er kommt nördlich der Mittelgebirge nur sehr selten vor und wächst in den Alpen nur bis 1200 m. Der Kreuz-Enzian gehört wie der Fransen-Enzian zu den Kleinenzian-Arten mit 4 Blütenblättern. Er kann jedoch durch seine Vielblütigkeit von den anderen Arten gut unterschieden werden.

3 Gamander-Ehrenpreis, Männertreu

Veronica chamaedrys
Rachenblütengewächse
Aussehen: Klein, zierlich, meist gesellig. 15–30 cm.
Blüten himmelblau mit feiner, dunkelblauer Streifung,

3 Gamander-Ehrenpreis

4 Faden-Ehrenpreis

Der Ehrenpreis gehört zu den Wiesenblumen, die schon früh im Jahr erblühen. Die zarten, blauen Blüten verlocken zum Pflücken, fallen jedoch sehr rasch ab. (Daher rührt wohl auch der volkstümliche Name „Männertreu"?)

in der Mitte weißlich. Von den vier Blütenblättern sind drei gleich groß, das vierte (unterste) ist deutlich schmaler. Stengel aufrecht oder aufsteigend, kantig, mit zwei gegenüberliegenden Haarleisten. Blätter behaart, gegenständig, unten gestielt, oben sitzend.
Blütezeit: V–VIII.
Vorkommen: Fettwiesen (→ Seite 38), Heckensäume, Wegränder, meist auf nährstoffreichem Boden. Häufig, vom Tiefland bis ins Gebirge.
Bestimmungstip: Typisch die beiden Haarleisten und die zu blattachselständigen Trauben angeordneten Blüten.

4 Faden-Ehrenpreis
Veronica filiformis
Rachenblütengewächse
Aussehen: Klein, kriechend, unauffällig. 5–20 cm. Blüten klein, bläulichweiß bis bläulichviolett, einzeln auf langen, dünnen Stielen in den Achseln der Stengelblätter. Stengel fadendünn, liegend, wurzelt an den Verzweigungen. Blätter hellgrün, rundlich-nierenförmig, am Rande leicht gekerbt, gestielt, überall am Stengel gleichgestaltet. Bildet keine Fruchtkapseln aus, sondern vermehrt sich durch Ausläufer.
Blütezeit: III–V.
Vorkommen: Fettweiden (→ Seite 46), vor allem in Parkrasen, aber auch in Gärten und auf Friedhöfen.
Bestimmungstip: Der Faden-Ehrenpreis bildet zur Blütezeit hellblaue Teppiche im Rasen. Keine andere einheimische Ehrenpreis-Art hat so dünne, kriechende Stengel. Die Art wurde um 1930 als Zierpflanze eingebürgert und stammt aus dem Kaukasus.

Storchschnabelgewächse

1 Wiesen-Storchschnabel

1 Wiesen-Storchschnabel
Geranium pratense
Storchschnabelgewächse
Aussehen: Mittelgroß, buschig. 30–60 cm.
Blüten dunkelblau bis hellviolett, dunkler geadert und zur Blütenmitte hin etwas heller, meist paarweise an einem Stiel. Stengel aufrecht, rund, drüsig behaart und nur im oberen Teil verzweigt. Blätter tief handförmig gespalten, mit sehr schmalen Endzipfeln und kurzborstig behaart. Frucht lang schnabelförmig (Name!).
Blütezeit: VI–VIII.
Vorkommen: Mähwiesen (→ Seite 38), Gräben, vor allem auf lehmigen, kalkhaltigen Böden, im Tiefland eher selten, im Bergland ziemlich häufig, meist bis etwa 500 m.
Bestimmungstip: Die Blütenstiele biegen sich nach dem Abblühen nach unten, richten sich aber zur Fruchtzeit wieder auf.
Sehr ähnlich ist der **Wald-Storchschnabel** *(Geranium sylvaticum)*, der jedoch im Tiefland fehlt und im Bergland meist oberhalb 700 m vorkommt. Beim Wiesen-Storchschnabel sind die Staubblätter am Grunde spatenförmig verbreitert, beim Wald-Storchschnabel sind sie löffelartig verschmälert.
Der **Blutrote Storchschnabel** *(Geranium sanguineum)* (→ Seite 72) hat auffallend purpurrote Blüten und kommt nur in Trockenrasen oder im Saum von Trockengebüschen vor.
Der **Weiche Storchschnabel** *(Geranium molle)* ist wesentlich kleiner, hat im Umriß runde, aber sehr stark geschlitzte Blätter und hellrote, maximal 1 cm große Blüten. Er ist überall auf Trockenrasen (→ Seite 50), an sonnigen Wegrändern oder auf Ödland anzutreffen.

Storchschnabel- und Himmelsleitergewächse

2 Wald-Storchschnabel

Der deutsche Name der Storchschnabelgewächse kommt von der Form der Früchte, die bei allen Arten schnabelförmig ausgebildet sind.

3 Blaue Himmelsleiter

2 Wald-Storchschnabel

Geranium sylvaticum
Storchschnabelgewächse
Aussehen: Mittelgroß, buschig. 30–60 cm.
Blüten blauviolett bis rötlich, meist einzeln auf einem Stiel. Stengel aufrecht, rund, nur im oberen Teil verzweigt. Blätter handförmig, meist siebenteilig mit breiten Endabschnitten. Frucht lang schnabelförmig.
Blütezeit: V–VII.
Vorkommen: Mähwiesen (→ Seite 38), im Bergland meist oberhalb 700 m, fehlt im Tiefland.
Bestimmungstip: Die Blüten-

stiele bleiben nach dem Abblühen aufrecht.
Ähnelt dem **Wiesen-Storchschnabel** und ersetzt diesen im Bergland.
Der mehr rotblütige **Sumpf-Storchschnabel** *(Geranium palustre)* kommt in Feuchtwiesen und an Bachufern vor.

3 Blaue Himmelsleiter

Polemonium caeruleum
Himmelsleitergewächse
Aussehen: Mittelgroß, buschig. 30–80 cm.
Blüten hellblau, selten auch weiß, mit radförmig flacher Blütenkrone und sehr kurzer Kronröhre, zahlreich in auf-

rechter Rispe. Stengel aufrecht, kantig gefurcht, kahl und ästig. Blätter gefiedert, bis 40 cm lang, kahl und wechselständig. Strohfarbene Kapselfrucht.
Blütezeit: VI–VII.
Vorkommen: Naß- und Moorwiesen (→ Seite 32), auch in feuchten Wäldern. Im Flachland selten oder fehlend, im Gebirge bis 1500 m.
Bestimmungstip: Die Blaue Himmelsleiter ähnelt einem Storchschnabel, ihre Staubblätter sind jedoch leuchtend gelb, und die Blätter tragen zahlreiche Fiederpaare.

2 **Rundblättrige Glockenblume**

3 **Knäuel-Glockenblume**

1 **Wiesen-Glockenblume**

1 Wiesen-Glockenblume
Campanula patula
Glockenblumengewächse
Aussehen: Mittelgroß,
schlank, außerhalb der Blü-
tezeit unauffällig. 30–60 cm.
Blüten lila bis blauviolett, zu
mehreren in einer lockeren
Rispe. Blüten etwa bis zur
Hälfte eingeschnitten, so daß
sich die Blütenzipfel stark
abspreizen können. Stengel
aufrecht. Blätter am Stengel
lanzettlich, sitzend. Grundblätter sehr kurz gestielt,
spatelförmig.
Blütezeit: V–VIII.
Vorkommen: Fettwiesen
(→ Seite 38) und Gebüsch-
säume, nach Nordwesten zu
seltener oder fehlend.
Bestimmungstip: Bei trübem
Wetter und nachts sind die
Blüten geschlossen. Die ähnliche **Rapunzel-Glocken-
blume** *(Campanula rapuncu-
lus)* hat einen mehr traubi-
gen Blütenstand und hell-
blaue Blüten.

2 Rundblättrige Glocken-
  blume
Campanula rotundifolia
Glockenblumengewächse
Aussehen: Klein bis mittelgroß, meist in Horsten oder
Gruppen. 20–50 cm.
Blüten kräftig blau, hän-
gend, zu mehreren in lockerer Rispe, stehen nur als Blütenknospen steif aufrecht.
Stengel dünn, aufrecht. Die
rundlich-nierenförmigen
Grundblätter, die der Pflanze den Namen eingetragen
haben, sind zur Blütezeit
meist schon verwelkt. Stengelblätter kahl, linealisch,
wechselständig, sitzend.
Blütezeit: VI–IX.
Vorkommen: Sandmagerra-
sen (→ Seite 50), Magerweiden, Heiden, Dünen, lichte
Laubwälder. Verbreitet bis
häufig. Vom Tiefland bis ins
Gebirge.
Bestimmungstip: Die Blüten

Glockenblumengewächse

Scheuchzers Glockenblume

Scheuchzers Glockenblume (Campanula scheuchzeri) ähnelt sehr der Rundblättrigen Glockenblume, besitzt jedoch auch nickende Blütenknospen.

4 Bärtige Glockenblume

sind deutlich länger als breit und höchstens zu einem Drittel eingeschnitten.

3 Knäuel-Glockenblume
Campanula glomerata
Glockenblumengewächse
Aussehen: Mittelgroß, einzeln oder in kleinen Gruppen. 30–60 cm.
Blüten blauviolett, zahlreich gedrängt am Stengelende und einzeln in den darunter sitzenden Blattachseln. Stengel aufrecht, unverzweigt. Blätter weichhaaarig, untere am Grunde abgerundet oder herzförmig.
Blütezeit: V–IX.

Vorkommen: Kalkmagerrasen (→ Seite 50), magere Wiesen, Gebüschsäume. In den Alpen bis 1700 m. Fehlt im nordwestlichen Tiefland.
Bestimmungstip: Ähnlich ist die **Borstige Glockenblume** (*Campanula cervicaria*) auf Moorwiesen, die sich jeoch stechend-steifhaarig anfühlt.

4 Bärtige Glockenblume
Campanula barbata
Glockenblumengewächse
Aussehen: Klein bis mittelgroß, einzeln oder in Gruppen. 20–40 cm.
Blüten bis 3 cm lang, blaßblau, manchmal auch weiß-

lich, innen bärtig behaart, hängend, zu mehreren in traubigem Blütenstand. Stengel aufrecht. Blätter in bodennaher Rosette, behaart.
Blütezeit: VI–VIII.
Vorkommen: Magerrasen (→ Seite 50), in den Alpen zwischen 800 und 2300 m.
Bestimmungstip: Die großen, behaarten Blüten sind unverwechselbar. Die sehr langen, weißlichen Haare sitzen vor allem auf der Innenseite der Kelchzipfel und sind besonders gut im Gegenlicht sichtbar.

113

Enziangewächse

1 Breitblättriger Enzian

2 Stengelloser Enzian

In den Alpen gibt es mehrere, dem Frühlings-Enzian sehr ähnliche Arten, die für den Laien nur schwer zu unterscheiden sind, zum Beispiel den Rundblättrigen Enzian (Gentiana orbicularis) oder den Kurzblättrigen Enzian (Gentiana brachyphylla).

3 Schwalbenwurz-Enzian

1 Breitblättriger Enzian, Kochs Enzian

Gentiana kochiana
Enziangewächse
Aussehen: Klein, einzeln oder in Gruppen. Bis 10 cm. Blüten tiefblau, glockig geweitet. Kelch ebenfalls glockig. Blätter oval, weich und glatt.
Blütezeit: V–VIII.
Vorkommen: Saure Magerrasen (→ Seite 50) und Matten, nur auf kalkfreien Böden, in den Alpen zwischen 1200 und 3000 m.
Bestimmungstip: Blüten innen immer mit olivgrünen Flecken und Längsstreifen.

2 Stengelloser Enzian

Gentiana clusii
Enziangewächse
Aussehen: Klein, meist in Gruppen oder kleinen Rasen. 2–10 cm.
Blüten tiefblau, einzeln auf sehr kurzem Stengel. Der Kelch liegt der Krone an, zwischen den freien Zipfeln spitzwinklig. Blätter in grundständiger Rosette, lederig-steif, zugespitzt.
Blütezeit: V–VIII.
Vorkommen: Kalkmagerrasen (→ Seite 50) und steinige Rasen der Alpen.
Bestimmungstip: Die tiefblaue, trichterförmige Krone

zeigt innen keine grünen Punkte oder Streifen und unterscheidet sich damit vom ähnlichen Breitblättrigen Enzian.

3 Schwalbenwurz-Enzian

Gentiana asclepiadea
Enziangewächse
Aussehen: Mittelgroß, schlank, meist einzeln. 30–90 cm.
Blüten dunkelblau, innen violett punktiert und hellstreifig, zu 1–3 in den Achseln der oberen Stengelblätter. Stengel aufrecht. Blätter mehrnervig, in Zeilen angeordnet.

4 Aufgeblasener Enzian

Die Blüten des Frühlings-Enzians besitzen radförmig ausgebreitete Zipfel, aber eine sehr enge Kronröhre. Besucht werden sie von langrüssligen Faltern. Alle Enzian-Arten sind streng geschützt und dürfen weder gepflückt, geschweige denn ausgegraben werden!

5 Frühlings-Enzian

Blütezeit: VIII–IX.
Vorkommen: Moorwiesen (→ Seite 32) und feuchte Gebüschsäume in den Alpen und im Alpenvorland.
Bestimmungstip: Ähnlich der **Lungen-Enzian** (*Gentiana pneumonanthe*), Blüten innen mit grün gepunkteten Streifen.

4 Aufgeblasener Enzian, Schlauch-Enzian

Gentiana utriculosa
Enziangewächse
Aussehen: Klein, meist einzeln. 10–25 cm.
Blüten tiefblau, einzeln am Ende der Äste und Zweige.

Kelch durch fünf Flügelsäume auffällig vergrößert. Stengel aufrecht, verzweigt, meist mehrblütig. Blätter oval, sitzend.
Blütezeit: V–VIII.
Vorkommen: Moorwiesen (→ Seite 32) sowie Hang- und Quellmoore des Alpenvorlandes und der Alpen.
Bestimmungstip: Auffallend der Flügelsaum am Blütenkelch. Bei allen anderen kleinblütigen Enzian-Arten sind die Kelche schmal und anliegend.

5 Frühlings-Enzian

Gentiana verna
Enziangewächse
Aussehen: Klein, meist in lockeren Rasen. 5–15 cm. Blüten tiefblau, zwischen den Kronzipfeln jeweils mit einem kurzen, zweispitzigen Anhängsel. Stengel kurz, kantig, mit 1–3 Blattpaaren.
Blütezeit: III–VIII.
Vorkommen: Kalkmagerrasen (→ Seite 50) und Steinrasen kalkreicher Gebiete, im Voralpenland und in den Alpen.
Bestimmungstip: Grundblätter größer als die Stengelblätter, spitz-lanzettlich.

Kardengewächse

2 Tauben-Skabiose

Die Tauben-Skabiose ähnelt der Witwenblume sehr stark. Ihre vergrößerten Randblüten sind größer und rundlicher als die der Witwenblume. Im Blütenkopf sind schwarzbraune Borsten (Kelche) zu erkennen.

1 Acker-Witwenblume

1 Acker-Witwenblume, Wiesen-Knautie

Knautia arvensis
Kardengewächse
Aussehen: Mittelgroß, schlank, locker, einzeln oder im Bestand. 30–120 cm. Blütenköpfe einzeln auf langen, behaarten Stielen. Sie bestehen jeweils aus zahlreichen violetten oder rötlichblauen Blüten. Die Randblüten sind deutlich vergrößert und sollen eine Einzelblüte vortäuschen. Stengel aufrecht, ästig. Blätter gefiedert.
Blütezeit: VI–IX.
Vorkommen: Fettwiesen
(→Seite 38) und Gebüschränder, häufig vom Tiefland bis ins Gebirge.
Bestimmungstip: Sehr formenreiche Art, leicht mit Skabiosen zu verwechseln. Typisch jedoch der abstehend behaarte Stengel.
Sie sehr ähnliche **Wald-Witwenblume** *(Knautia dispacifolia)* kommt in Wäldern vor und liebt nährstoffreichen, feuchten Boden.

2 Tauben-Skabiose, Tauben-Grindkraut

Scabiosa columbaria
Kardengewächse
Aussehen: Mittelgroß, locker verzweigt. 30–60 cm.
Blütenköpfe halbkugelig, einzeln auf anliegend behaarten Stielen. Randblüten vergrößert. Blätter unten leierförmig gespalten, oben fiederteilig.
Blütezeit: VI–X.
Vorkommen: Kalkmagerrasen (→ Seite 50) und sonnige Moorwiesen (→ Seite 32), fehlt im nordwestlichen Tiefland, sonst bis ins Gebirge.
Bestimmungstip: Zwischen den Einzelblüten der halbkugeligen Blütenköpfchen erkennt man schwärzliche Borsten, der Stengel ist eng anliegend behaart.

Karden- und Kugelblumengewächse

4 Herzblättrige Kugelblume

3 Gemeiner Teufelsabbiß

In den Alpen kommt die Nacktstengelige Kugelblume (Globularia nudicaulis) vor, deren blaßblaue Blütenköpfe auf blattlosen, bis 30 cm hohen Stengeln sitzen. Die Rosettenblätter sind länglich-lanzettlich und vorne abgerundet.

Nacktstengelige Kugelblume

3 Gemeiner Teufelsabbiß
Succisa pratensis
Kardengewächse
Aussehen: Mittelgroß, schlank, wenig verzweigt. 30–80 cm.
Blütenköpfe dunkelblau bis blauviolett, selten auch rötlich, kugelig mit schwarzen Borsten, Randblüten nicht vergrößert. Stengel aufrecht. Blätter ganzrandig, oval bis lanzettlich.
Blütezeit: VII–IX.
Vorkommen: Moorwiesen (→ Seite 32) und Magerwiesen (→ Seite 50), vom Tiefland bis ins Gebirge verbreitet.

Bestimmungstip: Der **Sumpf-Teufelsabbiß** (*Succisa inflexa*) besitzt keine schwarzen Borsten.

4 Herzblättrige Kugelblume
Globularia cordifolia
Kugelblumengewächse
Aussehen: Klein, niederliegend, an der Basis verholzt. 5–10 cm.
Blütenköpfe blaßlila bis blaulila, gelegentlich auch weiß, einzeln am Ende sehr kurzer bis höchstens fingerlanger Stengel. Einzelblüten deutlich zweilippig und am Grunde zu einer sehr schma-

len Röhre zusammengezogen. Blätter immergrün, etwas ledrig, vorne immer deutlich eingekerbt.
Blütezeit: V–IX.
Vorkommen: Kalkmagerrasen (→ Seite 50) und Magerweiden der Alpen, bis etwa 2400 m.
Bestimmungstip: Die ähnliche **Gewöhnliche Kugelblume** (*Globularia punctata*) kommt in Kalkmagerrasen der Mittelgebirge vor. Ihre Blütenstiele sind dicht beblättert, und die spatelförmigen Grundblätter bilden eine Rosette.

117

1 Alpen-Aster

Die Salz-Aster kommt nur
auf kochsalzhaltigem Boden
vor und belebt die Salz-
wiesen der Meeresküste zur
Blütezeit mit ihren zahl-
reichen blaugelben Blü-
tenköpfen. Sie bevorzugt
die besonders nassen Stellen der Salzwiesen und
siedelt sich daher gerne in
Mengen entlang der
Entwässerungsgräben des
Deichvorlandes an.

2 Salz-Aster

1 Alpen-Aster
Aster alpinus
Korbblütengewächse
Aussehen: Klein, aufstei-
gend, in Gruppen oder Horsten. 5–20 cm.
Blütenköpfe einzeln auf langen, behaarten Stielen, innen
mit zahlreichen, zwittrigen
goldgelben Röhrenblüten,
außen mit einer Reihe flach
ausgebreiteter, weiblicher
blauvioletter Zungenblüten,
die wesentlich länger sind als
die grünen Hüllblätter auf
ihrer Rückseite. Blätter
ganzrandig, spatelförmig, behaart.
Blütezeit: VII–VIII.

Vorkommen: Kalkmagerra-
sen (→ Seite 50) und sonnige
Steinrasen der Alpen zwi-
schen 1400 und 3000 m.
Bestimmungtip: Ähnlich sehen die Blütenköpfe der
Berg-Aster (*Aster amellus*)
aus, die in den Alpen fehlt
und in Kalkmagerrasen der
Mittelgebirge vorkommt.
Ihre Stengel sind immer
mehrköpfig.

2 Salz-Aster,
   Strand-Aster
Aster tripolium
Korbblütengewächse
Aussehen: Mittelgroß, meist
im Bestand. 40–70 cm.

Blütenköpfe zu mehreren in
doldenartigen Blütenstän-
den, mit zahlreichen goldgelben Röhrenblüten und
schmalen, oft etwas lückig
stehenden blauvioletten
Zungenblüten, die sternförmig ausgebreitet sind und
manchmal sogar fehlen können. Die rötlich-grünen
Hüllblätter auf der Unterseite der Blütenköpfe sind
mehrreihig und decken sich
gegenseitig wie Dachziegel.
Stengel aufrecht, kahl, nur
oben verzweigt. Blätter
ganzrandig, gestielt oder sitzend, etwas dicklich.
Blütezeit: VIV – IX.

Bleiwurzgewächse

3 Strandflieder

Vorkommen: Salzwiesen
(→ Seite 26) der Küstenge-
biete, ganz selten auch Salzstellen des Binnenlandes.
Bestimmungstip: An ihrem
Standort ist die Art unverwechselbar.

3 Strandflieder, Hallig-
flieder

Limonium vulgare
Bleiwurzgewächse
Aussehen: Klein bis mittel-
groß, einzeln oder bestands-
bildend. 30–70 cm.
Blüten ziemlich klein, zahl-
reich in locker verzweigten
Rispen mit weit abstehenden
Seitenzweigen. Blütenblätter

blauviolett bis rötlichviolett,
im Abblühen weißlich, nur
am Grunde zu einer kurzen
Röhre miteinander verwachsen. Stengel unbeblättert,
aufrecht, längsgefurcht. Blätter in grundständiger Rosette, lederartig derb, leicht
blaugrün, breit-oval oder
spatelförmig, vorne mit kurzer Stachelspitze, sitzend
oder gestielt.
Blütezeit: VIII–IX.
Vorkommen: Salzwiesen
(→ Seite 26) entlang der
Nordseeküsten und an der
Ostsee, auch im atlantischen
Westeuropa und im Mittel-
meergebiet.

Bestimmungstip: Zur Blütezeit überzieht der Strandflieder die obere Salzwiese im
Deichvorland nahezu
flächendeckend mit seinem
charakteristischen Hellila.
Wie alle Pflanzen der Salzwiese ist auch der Halligflieder bemerkenswert salztole-
rant. An den Atlanikküsten
im westlichen Europa kom-
men nahe verwandte, sehr
ähnlich aussehende Arten
vor, beispielsweise der **Zwei-
nervige Strandflieder** (*Limonium binervosum*), der jedoch keine wiesenartigen
Bestände bildet, sondern
einzeln in Klippen wächst.

119

1 Zwerg-Troddelblume

1 Zwerg-Troddelblume,  Kleines Alpenglöckchen
Soldanella pusilla
Primelgewächse
Aussehen: Sehr klein, wenig auffällig, einzeln oder in Gruppen. Bis 10 cm. Blüten einzeln auf unverzweigten, aufrechten Stielen, hängend, blaßviolett oder rötlich-violett, gelegentlich auch völlig weiß. Die Blütenkrone ist vorne höchstens auf einem Viertel ihrer Länge vielzipflig geschlitzt. Staubblätter und Griffel überragen sie nicht. Blätter dünn, grundständig, rundlich, bis 1 cm breit.

Blütezeit: V–VII.
Vorkommen: Magerrasen (→ Seite 50) in der Nähe von Schneeböden, Schneetälchen, gewöhnlich in kalkarmen Gebieten. Nur in den Alpen, zwischen 1500 und 2400 m.
Bestimmungstip: Die **Alpen-Troddelblume** *(Soldanella alpina)* kommt in den Alpen zwischen 1000 und 1900 m vor. Sie wird 5–15 cm hoch und kommt einzeln oder in kleinen Gruppen vor. Blüten vielzipflig, mindestens bis zur Mitte der Trichterkrone geschlitzt, blauviolett bis violettrot.

Beim **Kleinsten Alpenglöckchen** (*Soldanella minima*) sind die blaßvioletten Kronen bis auf ein Drittel geschlitzt. Diese Art kommt in alpinen Magerrasen über Kalk vor.

2 Gemeine Küchenschelle
Pulsatilla vulgaris
Hahnenfußgewächse
Aussehen: Klein, 10–45 cm. Blüten mit 6 hell- bis blauvioletten, seltener auch rötlichen oder reinweißen Kronblättern, außen behaart, zahlreiche goldgelbe Staubblätter, einzeln an einem

120

Hahnenfuß- und Schwertliliengewächse

2 Gemeine Küchenschelle

Küchenschellen wachsen nur auf un-gedüngten, trockenen und ungenutzten Wiesenflächen, die leider immer seltener werden, so daß die Pflanzen unter Schutz stehen.

3 Sibirische Schwertlilie

Stiel (bei trübem Wetter abwärts geneigt). Stengel aufrecht, stark behaart, unverzweigt. Grundblätter während der Blütezeit noch nicht entfaltet, zuerst stark seidig behaart, später kahl, mehrfach geteilt, Stengelblätter ungestielt, bilden unterhalb der Blüte einen Quirl. Nußfrucht mit langen, silbrigen Federschweifen. Blütezeit: IV–V. Vorkommen: Kalk- und Sandmagerrasen (→ Seite 50) zerstreut, aber meist gesellig. Fehlt im nördlichen Tiefland und in den Alpen. Bestimmungstip: Blütenblät-

ter viel länger als Staubblätter. Die ähnliche **Wiesen-Küchenschelle** (*Pulsatilla pratensis*) besitzt gleichlange Blüten- und Staubblätter und nickende Blüten.

3 Sibirische Schwertlilie

Iris sibirica
Schwertliliengewächse
Aussehen: Mittelgroß, in dichten Büschen oder Rasen wachsend. 30–100 cm. Äußere Blütenblätter hellblau bis dunkelviolett, nach außen umgebogen, bis zur Mitte hin gelb; innere Blütenblätter schmäler, aufrecht

und einfarbig blau. 1–3 Blüten an einem Stengel. Stengel steif aufrecht, rund, glatt. Blätter grasartig, immer unter 1 cm breit. Kapselfrucht. Blütezeit: V–VI. Vorkommen: Naß- und Moorwiesen (→ Seite 32), Grabenränder, Flutmulden. Selten. Wenn vorhanden, dann gesellig. Fehlt im nordwestlichen Tiefland. Bestimmungstip: Unverwechselbar. Ähnlich, jedoch mit gelben Blüten: **Wasser-Schwertlilie** (*Iris pseudacorus*). Beide Arten kommen auch nebeneinander vor.

Lippenblütengewächse

2 Gemeine Braunelle

1 Kriechender Günsel

Die Gemeine Braunelle ist eine häufige Wiesenpflanze und weltweit verbreitet. Hat sie einmal „Fuß gefaßt", so breitet sie sich rasch durch Ausläufer aus – wodurch auch ein Zierrasen ein paar blaue Flecken bekommt.

1 Kriechender Günsel

Ajuga reptans
Lippenblütengewächse
Aussehen: Klein, rosettig, einzeln oder in Rasen. 5–25 cm.
Blüten blaßblau oder kräftig blau mit helleren Längsstreifen, gelegentlich auch rosa oder sogar weiß, zweilippig, mit sehr kurzer Oberlippe und großer, deutlich ausgebildeter Unterlippe. Je 2–6 Einzelblüten stehen in den Achseln der oberen Stengelblätter dicht nebeneinander und bilden auf diese Weise einen ährenartigen Gesamtblütenstand mit mehreren Etagen. Die Tragblätter der Blüten sind am Grunde meist ebenfalls blau gefärbt. Stengel vierkantig, aufrecht, unverzweigt, am Grunde mit Ausläufern. Blätter kreuzgegenständig. Rosettige Grundblätter spatelförmig, mit geflügeltem Blattstiel.
Blütezeit: V–VI.
Vorkommen: Fettwiesen (→ Seite 38), Parkrasen und Gärten. Verbreitet vom Tiefland bis ins Gebirge.
Bestimmungstip: Auf Kalkmagerrasen kommt der ähnliche **Genfer Günsel** (*Ajuga genevensis*) vor, bei dem die Tragblätter im Blütenstand im Unterschied zum Kriechenden Günsel immer dreilappig sind. Außerdem fehlen Ausläufer. Die Art kommt im nordwestlichen Tiefland nicht vor.

2 Gemeine Braunelle, Kleine Braunelle

Prunella vulgaris
Lippenblütengewächse
Aussehen: Klein, einzeln oder in kleinen Gruppen. 10–25 cm.
Blüten blauviolett, zu mehreren in den Achseln vereinfachter Tragblätter und am oberen Ende der Stengel zu einer dichten Ähre gehäuft.

Lippenblütengewächse

3 Wiesen-Salbei

4 Wiesen-Salbei

Bei allen Salbei-Arten kann man einen höchst raffiniert konstruierten Bestäubungsmechanismus beobachten: Wenn man mit einem Grashalm in die Blüte fährt (und somit die besuchende Hummel ersetzt), klappt plötzlich das Staubblattpaar aus der Oberlippe herunter. Dem Insekt würde es eine größere Portion Pollen in den Pelz bürsten, die in einer anderen Blüte an der Narbe abgestreift wird.

Stengel aufsteigend oder aufrecht, kantig. Blätter nur wenig behaart, kreuzgegenständig, länglich-oval.
Blütezeit: V–X.
Vorkommen: Fettwiesen (→ Seite 38), und Parkrasen, vom Tiefland bis ins Gebirge verbreitet, auch in den Alpen bis 2200 m.
Bestimmungstip: Im Unterschied zum Günsel ist bei der Gemeinen Braunelle auch die Oberlippe helmförmig entwickelt. Bei der **Großblütigen Braunelle** (*Prunella grandiflora*) sind die Blüten blauviolett. Sie wächst in Kalkmagerrasen.

3/4 Wiesen-Salbei
Salvia pratensis
Lippenblütengewächse
Aussehen: Mittelgroß, buschig verzweigt. 30–60 cm. Blüten blauviolett, manchmal auch hellblau, rötlichviolett oder (selten) auch ganz weiß, zu mehreren in zahlreichen Quirlen im oberen Stengelabschnitt. Oberlippe helmartig entwickelt und hoch aufgewölbt, ziemlich schmal, Unterlippe wesentlich breiter. Stengel aufrecht, vierkantig, behaart, vor allem im oberen Teil ästig verzweigt. Blätter kreuzgegenständig, mit runzliger Oberfläche, gestielt oder sitzend, meist grundständig, nur wenige am Stengel.
Blütezeit: V–VII.
Vorkommen: Kalkmagerrasen (→ Seite 50), trockenere Fettwiesen (→ Seite 38), dazu auch an warmen, sonnigen Böschungen und Wegrändern. Vor allem in Kalkgebieten sehr häufig. Vom Tiefland bis in mittlere Gebirgslagen, in den Alpen bis 1000 m. Fehlt im äußersten Nordwesten.
Bestimmungstip: Mit keiner anderen Pflanze zu verwechseln.

Blütenfarbe

Gelb

Wie fast jede Blütenfarbe läßt auch Gelb eine erstaunlich reichhaltige Palette von Zwischentönen zu. Auf der einen Seite steht das zarte Hellgelb einer Schlüsselblume, auf der anderen das knallige Goldgelb der Sumpf-Dotterblume. Gelbe Blumen neigen dazu, zusätzlich noch besonders zu glänzen. Bei den Hahnenfuß-Arten oder beim Scharbockskraut sehen die Blüten immer wie frisch poliert aus.

Bergwiesen mit Gelben Narzissen kann man im Frühjahr außer in den Alpen auch in den Vogesen oder in einigen Gegenden des Rheinischen Schiefergebirges erleben.

125

Rötegewächse

1 Echtes Labkraut

2 Gemeines Kreuzlabkraut

Das Echte Labkraut wurde früher zur Käseherstellung verwendet, da seine Blätter Labferment enthalten, das Milch zum Gerinnen bringt – daher auch der deutsche Name der Pflanze.

1 Echtes Labkraut
Galium verum
Rötegewächse
Aussehen: Mittelgroß, sehr reichästig. 20–70 cm.
Blüten zitronengelb, sehr zahlreich in endständigen Rispen, duften angenehm aromatisch. Stengel ausgebreitet oder aufrecht, kantig oder abgerundet, ohne Kletterhaken oder Borstenhaare. Blätter sehr schmal, stachelspitzig, einnervig, am Rande umgerollt, dunkelgrün. Früchte kugelig, kahl und glatt.
Blütezeit: VI–IX.
Vorkommen: Kalk- und Sandmagerrasen (→ Seite 50), auch an Wegrändern und trockenen Gebüschsäumen, häufig vom Tiefland bis in Gebirgslagen.
Bestimmungstip: Mit seinen zitronengelben Blüten ist das Echte Labkraut unverwechselbar.

2 Gemeines Kreuzlabkraut
Cruciata laevipes
Rötegewächse
Aussehen: Klein, meist in Gruppen. 20–50 cm.
Blüten hellgelb oder grünlichgelb, süßlich duftend, in kleinen Büscheln in den Blattachseln der oberen Stengelabschnitte. Stengel aufrecht oder aufsteigend, etwas schlaff, steifhaarig bis zottig behaart. Blätter immer zu 4 in einem Quirl, dreinervig, breit eiförmig, hell- oder mittelgrün.
Blütezeit: IV – VI.
Vorkommen: Feuchtwiesen (→ Seite 32), Gebüschsäume, vor allem im Mittelgebirge und in den mittleren Lagen der Alpen, in Norddeutschland nur in den großen Flußtälern.
Bestimmungstip: Typisch sind die Blütenbüschel in den Blattachseln und die vierblättrigen Quirle.

Rosen- und Hahnenfußgewächse

3 Aufrechtes Fingerkraut

4 Gelbe Wiesenraute

Das Aufrechte Fingerkraut unterscheidet sich von allen anderen Fingerkräutern durch die Zahl seiner Blütenblätter: Es besitzt nur 4 Kronblätter, während alle anderen Arten der Gattung 5 oder sogar mehr Kronblätter besitzen. Das ähnliche Niederliegende Fingerkraut kann an einer Pflanze Blüten mit vier und Blüten mit fünf Kronblättern tragen.

3 Aufrechtes Fingerkraut, Blutwurz

Potentilla erecta
Rosengewächse
Aussehen: Klein, locker, meist einzeln. 10–30 cm. Blüten hellgelb, mit vier Kronblättern, die ungefähr so lang sind wie die grünlichen Kelchblätter. Stengel niederliegend oder aufsteigend. Blätter in grundständiger Rosette, langgestielt, dreizählig, nur die wenigen Stengelblätter sind immer fünfzählig. Fiederblättchen keilförmig, mit deutlich vorstehendem Endzahn.
Blütezeit: V–VIII.

Vorkommen: Magerrasen (→ Seite 50) und Moorwiesen (→ Seite 32), ziemlich häufig.
Bestimmungstip: Ähnlich ist das **Niederliegende Fingerkraut** (*Potentilla anglica*).

4 Gelbe Wiesenraute

Thalictrum flavum
Hahnenfußgewächse
Aussehen: Groß, buschig, auffallend. 50–120 cm. Blüten hellgelb, mit vier spitzen Blütenblättern, die schon bald nach dem Aufblühen abfallen, und zahlreichen gelblichen Staubblättern. Einzelblüten zu mehreren in kopfigen Büscheln, bilden insgesamt eine locker verzweigte Rispe. Stengel aufrecht, kahl, einfach oder wenig verzweigt. Blätter gefiedert, Fiederblättchen vorne drei- bis vierzipflig.
Blütezeit: VI–VIII.
Vorkommen: Feucht- und Moorwiesen (→ Seite 32) und Saum von Auernbüschen, verbreitet im Tiefland und im Mittelgebirge.
Bestimmungstip: Ähnlich ist die seltene **Glänzende Wiesenraute** (*Thalictrum lucidum*) mit stark glänzenden, gefiederten, vorne ganzrandigen Blättern.

Hahnenfußgewächse

2 Kriechender Hahnenfuß

1 Scharfer Hahnenfuß

Knolliger Hahnenfuß

1 Scharfer Hahnenfuß
Ranunculus acris
Hahnenfußgewächse
Aussehen: Mittelgroß, meist in großen Beständen oder aspektbestimmend. 30–100 cm.
Blüten goldgelb, einzeln auf runden, nicht gefurchten Blütenstielen. Stengel aufrecht, meist erst im Blütenstand etwas verzweigt. Grundblätter handförmig gespalten und gestielt. Blätter werde nach oben immer einfacher und kurzstieliger. Im Blütenstand bestehen sie nur noch aus sitzenden, schmalen Zipfeln.

Blütezeit: V–VII; IX–X.
Vorkommen: Fettwiesen (→ Seite 38), sehr häufig vom Tiefland bis ins Gebirge, in den Alpen bis 2400 m.
Bestimmungstip: In Kalkmagerrasen wächst der **Knollige Hahnenfuß** (*Ranunculus bulbosus*) mit deutlicher Stengelknolle.

2 Kriechender Hahnenfuß
Ranunculus repens
Hahnenfußgewächse
Aussehen: Klein, meist rasenbildend oder einzeln stehend. 10–40 cm.
Blüten glänzend goldgelb, einzeln auf deutlich gefurchten Stielen. Stengel liegend oder aufsteigend, mit langen, an den Blattansätzen wurzelnden Ausläufern. Blätter dreizählig gespalten und untereinander alle sehr ähnlich, keine Übergänge zu einfachen Zipfeln wie beim Scharfen Hahnenfuß.
Blütezeit: V–VIII.
Vorkommen: Feuchtwiesen (→ Seite 32), Mähwiesen (→ Seite 38), Weiden, dazu auch in Gärten oder auf Äckern, sehr häufig, vom Tiefland bis ins Gebirge, in den Alpen bis 2300 m.
Bestimmungstip: Mit den langen Ausläufern, die an

Rosengewächse

3 Frühlings-Fingerkraut

Mit Ausnahme des Gänse-Fingerkrauts
haben fast alle mitteleuropäischen
Arten der Gattung Potentilla handförmig geteilte Blätter, deren Fiedern
wie Finger abstehen. Fast zwei Dutzend
oft nicht leicht unterscheidbare Arten
und etliche Kleinarten kommen im
Gebiet vor, die meisten in trockenen,
nährstoffarmen Rasen und Magerfluren.

4 Gänse-Fingerkraut

den Blattansätzen wurzeln,
ist er unverwechselbar.

3 Frühlings-Fingerkraut
Potentilla tabernaemontani
Rosengewächse
Aussehen: Klein, polster-
oder kisssenartig. 5–20 cm.
Blüten kräftig gelb, meist zu
3 am Stengelende. Blüten-
stiel nach dem Abblühen
herabgebogen. Stengel liegend oder aufsteigend, oft
rötlich, behaart. Blätter
handförmig gespalten, abstehend behaart.
Blütezeit: III–V.
Vorkommen: Sandmagerra-
sen (→ Seite 52), Mauern,

Felsabhänge, häufig im Mittelgebirge, in den Alpen bis
1000 m, fehlt im Tiefland.
Bestimmungstip: Mehrere
ähnliche, schwer unter-
scheidbare Arten. Das Gold-
Fingerkraut (Potentilla aurea) wächst rosettenförmig.
Die goldgelben Blüten ha-
ben in der Mitte einen dunk-
leren Fleck. Kommt in den
Alpen zwischen 1600 und
2600 m vor.

4 Gänse-Fingerkraut
Potentilla anserina
Rosengewächse
Aussehen: Klein, rosetten-
förmig und sehr niedrig.

Höchstens 20–50 cm lang.
Blüten kräftig gelb, einzeln
auf langen Stielen. Blütenblätter deutlich länger als die
Kelchblätter, vorne abgerundet. Stengel sehr dünn, liegend, wurzelt an den Blattansatzstellen. Blätter mit
zahlreichen Fiederpaaren.
Blütezeit: V–VIII.
Vorkommen: Fettwiesen
(→ Seite 38), Salzwiesen
(→ Seite 26), aber auch Gän-
seanger und Sanddünen, von
der Ebene bis etwa 900 m.
Bestimmungstip: Mit seinen
langen, unterseits filzig behaarten Fiederblättern völlig
unverwechselbar.

1 Wiesen-Schlüsselblume

1 Wiesen-Schlüssel-blume, Wiesen-Primel

Primula veris
Primelgewächse
Aussehen: Kleine Rosetten-pflanze, einzeln oder im lockeren Bestand. 10–20 cm. Blüten dottergelb, mit oran-geroten Flecken im Schlund, trichterförmig, Kelch bau-chig, zu 10–20 in endständi-ger Dolde, duften sehr inten-siv. Blätter gezähnt, ver-schmälern sich am Grunde plötzlich in den Blattstiel.
Blütezeit: IV–V.
Vorkommen: Kalkmagerra-sen (→ Seite 50), magere Wiesen, Waldränder und Ge-büsche, nördlich der Mittel-gebirge selten, im Süden häufiger.
Bestimmungstip: Mit den dottergelben, glockig vertief-ten Blütenkronen unter-scheidet sich die Wiesen-Schlüsselblume eindeutig von anderen gelbblühenden Schlüsselblumen-Arten. Ausgesprochen typisch ist auch der starke Duft, wes-halb sie in manchen Gegen-den auch Duft-Schlüssel-blume heißt.
Die **Wald-Schlüsselblume** *(Primula elatior)* besitzt hell-gelbe Blüten, die in der Mitte etwas dunkler, aber nicht rotfleckig sind. Sie ist im Tiefland selten.
In Westeuropa kommt in Mäh- und Obstwiesen die **Stengellose Schlüsselblume** *(Primula vulgaris)* vor. Ihre hellgelben Blüten stehen auf zottig behaarten Stielen.

2 Gewöhnlicher Oder-mennig, Kleiner Oder-mennig

Agrimonia eupatoria
Rosengewächse
Aussehen: Mittelgroß, ein-zeln oder in lockeren Be-ständen. Zur Blütezeit um 50 cm, später bis 100 cm hoch. Blüten goldgelb. Blütenblät-

2 Gemeiner Odermennig

3 Tüpfel-Johanniskraut

Geflecktes Johanniskraut

ter oval, nicht eingebuchtet. Blüten zahlreich in einer langen, schlanken Ähre. Stengel aufrecht, wenig verzweigt, rauhhaarig. Blätter abwechselnd mit großen und kleinen Fiedern, wechselständig. Blütezeit: VII–IX. Vorkommen: Magerrasen (→ Seite 50), auch im Saum von Wäldern und Gebüschen, ziemlich häufig, vom Tiefland bis ins Gebirge, in den Alpen bis etwa 900 m. Bestimmungstip: Am schlanken Blütenstand und an den charakteristisch gefiederten Blättern gut zu erkennen.

3 Tüpfel-Johanniskraut. Tüpfel-Hartheu
Hypericum perforatum
Johanniskrautgewächse
Aussehen: Mittelgroß, reichästig, oft in größeren Beständen. 30–60 cm. Blüten goldgelb. Kronblätter meist nicht ganz symmetrisch, sondern nach einer Seite schief verzogen, mit dunklen Drüsenpunkten am Rand. Stengel aufrecht, unbehaart, mit zwei Längskanten, verzweigt. Blätter gegenständig, im Gegenlicht wie von feinen Nadelstichen durchbrochen, breit-oval. Blütezeit: VI–VIII.

Vorkommen: Magerrasen (→ Seite 50), an Wegrändern und auf Brachland, häufig vom Tiefland bis ins Gebirge. Bestimmungstip: In Moorwiesen kommt das **Gefleckte Johanniskraut** (*Hypericum maculatum*) vor. Stengel deutlich vierkantig. Seine Kanten sind jedoch nicht zu Flügelsäumen verbreitert. Blütenblätter auch auf der Fläche dunkel punktiert; sie hinterlassen daher beim Zerreiben kräftig rötliche Farbflecken. Blätter nur wenig nadelstichig.

Enzian- und Rosengewächse

2 Gemeiner Frauenmantel

Beim Frauenmantel sitzen an den Zähnchen der Blattränder Spaltöffnungen, aus denen nach feuchten Nächten Wasser ausgeschieden wird, so daß die Blattränder wie mit kleinen Perlen besetzt erscheinen.

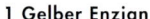

1 Gelber Enzian

1 Gelber Enzian

Gentiana lutea
Enziangewächse
Aussehen: Groß, einzeln oder in kleinen Gruppen. 50–140 cm.
Blüten goldgelb, mit 5 oder (selten) 6 sehr schmalen Blütenblättern, büschelig in den Achseln der oberen Stengelblätter. Stengel aufrecht, rund und unverzweigt. Grundblätter rosettig, Stengelblätter gegenständig, blaugrün, elliptisch, mit stark vortretenden Blattnerven, bis 30 cm lang. Kapselfrucht.
Blütezeit: VI–VIII.
Vorkommen: Magerrasen (→ Seite 50), Mähwiesen (→ Seite 38), Hochgrasfluren und Nadelmischwälder, in den Alpen verbreitet bis etwa 2100 m.
Bestimmungstip: Nicht blühende Pflanzen können mit dem **Weißen Germer** *(Veratrum album)* verwechselt werden, dessen Blätter jedoch wechselständig und grasgrün sind.

2 Gemeiner Frauenmantel

Alchemilla vulgaris
Rosengewächse
Aussehen: Klein bis mittelgroß, buschig. 5–30 cm.
Blüten grünlich-gelb, klein, sehr zahlreich in verzweigten Blütenständen. Stengel aufrecht oder aufsteigend, ästig. Blätter wechselständig, rundlich bis nierenförmig, handförmig gelappt und gezähnt, unterseits wenig behaart.
Blütezeit: V–IX.
Vorkommen: Fettwiesen (→ Seite 38), Naßwiesen (→ Seite 32), auch Quellfluren und Gebüsche. Im Tiefland zerstreut, im Bergland häufig.
Bestimmungstip: Beim ähnlichen **Alpen-Frauenmantel** *(Alchemilla alpina)* sind die Grundblätter auf der Unterseite dicht silbrig behaart.

132

Hahnenfuß- und Zistrosengewächse

4 Gemeines Sonnenröschen

Die Blüten des Sonnenröschens enthalten zahlreiche zitronengelbe Staubblätter. Berührt man diese an der Basis, so spreizen sie sich augenblicklich nach außen.

3 Sumpf-Dotterblume

3 Sumpf-Dotterblume

Caltha palustris
Hahnenfußgewächse
Aussehen: Klein bis mittelgroß, einzeln oder in Gruppen. 20–30 cm.
Blüten glänzend dottergelb, einzeln auf langen Stielen. Stengel aufrecht oder gebogen aufsteigend, rundlich, hohl. Blätter herz- bis nierenförmig, auf der Oberseite dunkelgrün glänzend, unterseits hellgrün. Balgfrüchte.
Blütezeit: IV–VI.
Vorkommen: Naßwiesen (→ Seite 32), Bachufer, Gräben, Auwälder. Vom Tiefland bis ins Gebirge.

Bestimmungstip: Die leuchtenden Blüten erscheinen schon im zeitigen Frühjahr zusammen mit den Blättern.

4 Gemeines Sonnenröschen

Helianthemum nummularium
Zistrosengewächse
Aussehen: Klein, einzeln oder in lockeren Rasen. 10–20 cm.
Blüten hellgelb bis gelblichweiß, in der Mitte oft etwas dunkler oder dottergelb. Stengel liegend oder aufsteigend, am Grunde verholzt. Blätter graugrün, glänzend, ziemlich schmal, behaart

oder nur am Rand bewimpert, gegenständig. Kapselfrucht.
Blütezeit: V–IX.
Vorkommen: Kalkmagerrasen (→ Seite 50), Trockengebüsche, lichte Kiefernwälder. Nördlich der Mittelgebirge selten oder fehlend, im Süden verbreitet, in den Alpen bis 2300 m.
Bestimmungstip: Die Art ist sehr formenreich.
Auf der Rückseite der gelben Blütenblätter sieht man fünf grüne Kelchblätter, von denen zwei immer deutlich kleiner sind als die übrigen drei.

1 Trollblume

1 Trollblume

Trollius europaeus
Hahnenfußgewächse
Aussehen: Mittelgroß, meist
in größeren Beständen.
30–60 cm.
Blüten kräftig hellgelb, mit
10–15, gelegentlich aber
auch weniger, ungleich
großer Blütenblätter, die
meist nach innen eingeschla-
gen werden. Stengel auf-
recht, meist leicht gebogen,
unverzweigt. Stengelblätter
handförmig, drei- bis fünftei-
lig gespalten. Grundblätter
lang gestielt, handförmig geteilt.
Blütezeit: V–VI.

Vorkommen: Feucht- und
Moorwiesen (→ Seite 32),
meist auf kalkarmen, mäßig
sauren Böden, zerstreut im
Mittelgebirge und in den Alpen. Westlich nur bis zum
Westerwald, fehlt im nordwesteuropäischen Tiefland.
Bestimmungstip: Die große,
gelbe Kugelblüte ist unverwechselbar.

2 Scharbockskraut

Ficaria verna
Hahnenfußgewächse
Aussehen: Klein, niederliegend, aber bestandsbildend,
5–15 cm. 5 Blüten goldgelb,
mit 8–12 schmalen Kronblät-

tern (Nektarblätter) und 3
grünen, kelchblattartigen
Hüllblättern, einzeln auf langen, dünnen Stielen. Stengel
liegend oder aufsteigend.
Blätter rosettig, langgestielt,
herz- oder nierenförmig,
oberseits glänzend dunkelgrün, unterseits mattgrün,
gekerbt oder leicht wellig.
Blütezeit: III–V.
Vorkommen: Feuchtwiesen
(→ Seite 32), Parkgebüsche,
lichte Laubwälder und Obstwiesen, ziemlich häufig vom
Tiefland bis in das mittlere
Bergland, in den Alpen bis
1500 m.
Bestimmungstip: Das Schar-

Rosen- und Narzissengewächse

2 Scharbockskraut

3 Berg-Nelkenwurz

4 Gelbe Narzisse

bockskraut ist ein ausgesprochener Frühblüher und kann mit seinen sternförmigen Blüten nicht verwechselt werden.

3 Berg-Nelkenwurz
Geum montanum
Rosengewächse
Aussehen: Klein bis mittelgroß, rosettig. 20–40 cm.
Blüten goldgelb, meist mit 6, gelegentlich auch nur mit 5 rundlichen Blütenblättern, einzeln auf langen, unverzweigten, aufrechten Stengeln. Grundblätter gefiedert, Fiedern nehmen von der Blattbasis zum Ende an

Größe zu, Endfieder sehr groß und lappig, gezähnt.
Blütezeit: V–VIII.
Vorkommen: Bergwiesen
(→ Seite 56), Magerrasen, nur auf kalkfreien, sauren Böden in den Alpen zwischen 1500 und 2300 m.
Bestimmungstip: Die ähnliche **Kriechende Nelkenwurz** (*Geum reptans*) alpiner Schuttrasen hat Blüten mit 6–8 Blütenblättern und einheitlich gefiederte Blätter. Die **Bach-Nelkenwurz** (*Geum rivale*), die in Naßwiesen vorkommt, hat rötlichgelbe, glockige Blüten.

4 Gelbe Narzisse, Osterglocke
Narcissus pseudonarcissus
Narzissengewächse
Aussehen: Klein, meist gesellig. 10–30 cm.
Blüte mit 6 hellgelben, sternförmig ausgebreiteten Zipfeln und dottergelber, röhrig verwachsener Nebenkrone.
Blätter alle grundständig, blaugrün, aufrecht.
Blütezeit: III–IV.
Vorkommen: Feuchtwiesen
(→ Seite 32), Bergwiesen
(→ Seite 56), meist auf kalkarmen Böden.
Bestimmungstip: Unverwechselbar.

135

1 Gemeiner Löwenzahn

2 Gemeiner Löwenzahn

Der Löwenzahn ist eine äußerst anpassungsfähige Pflanze und kommt fast überall vor. Je nach Standort unterscheidet man zwischen Gemeinem Löwenzahn, Sumpf-Löwenzahn, Alpen-Löwenzahn und Trockenrasen-Löwenzahn.

1/2 Gemeiner Löwenzahn, Pusteblume, Kuhblume
Taraxacum officinale
Korbblütengewächse
Aussehen: Kleine bis mittelgroße Rosettenpflanze. 20–50 cm.
Blütenkopf einzeln und endständig auf einem rötlichen oder blaßgrünen, hohlen Stengel, der bei Verletzung sehr viel Milchsaft abgibt, besteht aus 200–300 schmalen, leuchtendgelben, zwittrigen Zungenblüten. Reagiert wie eine Einzelblüte und schließt sich abends und bei schlechtem Wetter. Äußere Hüllblätter immer zurückgeschlagen. Blätter sehr unregelmäßig gesägt.
Blütezeit: IV–VII.
Vorkommen: Fettwiesen (→ Seite 38) und Fettweiden, auch an Wegen oder auf Äckern. Häufig, in den Alpen bis 2600 m.
Bestimmungstip: Vom Löwenzahn gibt es eine große Anzahl sehr schwer unterscheidbarer Kleinarten, die zudem auch noch ähnliche Standorte besiedeln.

3 Rauher Löwenzahn
Leontodon hispidus
Korbblütengewächse
Aussehen: Kleine bis mittelgroße Rosettenpflanze. 5–30 cm.
Blütenköpfe mit zahlreichen sattgelben Zungenblüten, von denen die äußeren auf der Rückseite manchmal rot gestreift sind, einzeln auf langen, rauhhaarigen, nicht hohlen Stengeln, die unter dem Blütenkopf deutlich verdickt sind. Köpfe nicken vor dem Aufblühen abwärts. Blätter grob gezähnt.
Blütezeit: VI–X.
Vorkommen: Fettwiesen (→ Seite 38), aber auch Naß- und Moorweisen (→ Seite 32) oder Trockenrasen. Vom Tiefland bis in die Alpen.

3 Rauher Löwenzahn

4 Wiesen-Pippau

Gold-Pippau

Bestimmungstip: Ähnlich ist der **Herbst-Löwenzahn** (*Leontodon autumnalis*), dessen Stengel verzweigt ist und mehrere Blütenköpfe trägt. Er blüht von Juli bis September.

4 Wiesen-Pippau
Crepis biennis
Korbblütengewächse
Aussehen: Mittelgroß bis groß, meist gesellig. 50–120 cm.
Blütenköpfe goldgelb, nur mit Zungenblüten. Stengel aufrecht, verzweigt. Stengelblätter frischgrün, kahl oder wenig behaart, sitzen mit schmalem Grund am Stengel.
Blütezeit: V–IX.
Vorkommen: Fettwiesen (→ Seite 38), verbreitet vom Tiefland bis ins Gebirge.
Bestimmungstip: Beim ähnlichen **Kleinkopfigen Pippau** (*Crepis capillaris*) sind die Köpfe kleiner, die Stengelblätter haben einen pfeilförmigen Grund. In Fettwiesen des Gebirges kommt häufig der **Weiche Pippau** (*Crepis mollis*) vor. Seine Stengelblätter haben einen herzförmigen Grund. Die Hüllblätter der Blütenköpfe sind schwärzlich. Der **Gold-Pip-**

pau oder **Roter Pippau** (*Crepis aurea*) ist eine relativ häufige Pflanze alpiner Fettweiden. Stengel immer einköpfig, Blüten oft tieforangerot, Blätter buchtig gezähnt.
Der **Sumpf-Pippau** *(Crepis paludosa)* trägt gelbe Blütenköpfe, die nur aus Zungenblüten bestehen. Der aufrechte Stengel ist nur im oberen Teil locker verzweigt. In alpinen Hochstaudenfluren kommt der ähnliche **Schabenkraut-Pippau** *(Crepis pyrenaica)* vor, dessen Stengel bis zu den Blütenköpfen reichbeblättert ist.

1 Wiesen-Bocksbart

2 Arnika

Die Blüten des Wiesen-Bocksbartes sind nur bei schönem Wetter und dann auch nur bis zum frühen Nachmittag geöffnet. Es gibt auch Formen, die ihre Blüten schon am Mittag schließen. Geschlossen sehen die Blütenköpfe wie gefaltete Regenschirme aus.

1 Wiesen-Bocksbart

Tragopogon pratensis
Korbblütengewächse
Aussehen: Schlank, mittelgroß, großblütig. 20–70 cm. Blütenkopf hellgelb, nur mit zwittrigen Zungenblüten. Köpfe einzeln am Ende langer, oben deutlich verdickter Stiele. Hüllblätter sehr schmal, ragen am Rand ganz wenig über die Zungenblüten hinaus, sind am Grunde nicht eingeschnürt. Stengel aufrecht und verzweigt, milchsaftführend. Blätter bläulichgrün, ganzrandig, kahl, am Grunde stengelumfassend. Fruchtstand groß und kugelig. Einzelfrüchte mit großem, breitem „Fallschirm".
Blütezeit: V–VIII.
Vorkommen: Fettwiesen (→ Seite 38), Wegränder, trockene Raine, verbreitet vom Tiefland bis in mittlere Gebirgslagen.
Bestimmungstip: Beim ähnlichen **Großen Bocksbart** (*Tragopogon dubius*), der in Trocken- und Magerrasen vorkommt, sind die Blütenkopfstengel oben nicht verdickt, die grünen Hüllblätter der Köpfe am Grunde jedoch deutlich eingeschnürt.

2 Arnika, Berg-Wohlverleih

Arnica montana
Korbblütengewächse
Aussehen: Schlank, mittelgroß, einzeln oder in kleinen Gruppen. 30–60 cm. Blütenköpfe einzeln am Ende langer Stiele, dottergelb, randliche Zungenblüten weiblich, mittlere Röhrenblüten zwittrig. Stengel aufrecht, meist unverzweigt oder ganz selten wenig ästig, trägt 1–3 Paare gegenständiger, hellgrüner, ganzrandiger Blätter. Grundblätter rosettig, ziemlich derb, behaart.
Blütezeit: VI–VIII.

4 Echte Goldrute

3 Echte Goldrute

5 Jakobs-Kreuzkraut

Vorkommen: Bergwiesen (→ Seite 56), Magerrasen (→ Seite 50), im Tiefland selten, im Gebirge zerstreut. Bestimmungstip: Sicheres Merkmal sind die paarweise angeordneten Stengelblätter.

3/4 Echte Goldrute, Gewöhnliche Goldrute
Solidago virgaurea
Korbblütengewächse
Aussehen: Mittelgroß, etwas buschig. 30–100 cm. Blütenköpfchen gelb, mit 6–12 sternförmig ausgebreiteten Zungenblüten und nur wenigen Röhrenblüten. Die Blütenköpfe bilden insge-samt eine reichverzweigte Rispe. Stengel aufrecht, ästig. Blätter lanzettförmig, mit geflügeltem Blattstiel. Blütezeit: VII–IX. Vorkommen: Magerrasen (→ Seite 50), Heiden, Gebü-sche, Waldränder, vom Tief-land bis zur Waldgrenze. Bestimmungstip: Die wenig-blütigen Köpfchen sind un-verwechselbar.

5 Jakobs-Kreuzkraut
Senecio jacobaea
Korbblütengewächse
Aussehen: Mittelgroß bis groß, ziemlich kräftig und buschig. 30–100 cm. Blütenköpfe kräftig gelb, zahlreich zu doldenartigen Rispen angeordnet. Jedes Köpfchen hat nur 1–2 maxi-mal 3 Außenhüllblätter. Stengel aufrecht. Blätter fie-drig geteilt, auf der Unter-seite spinnwebig. Blütezeit: VI–X. Vorkommen: Mähwiesen (→ Seite 38), Magerrasen (→ Seite 50), Brachland, von der Ebene bis ins Gebirge. Bestimmungstip: Das sehr ähnliche **Raukenblättrige Kreuzkraut** (*Senecio erucifo-lius*) hat Blütenköpfe mit 4–6 grünen Außenhüllblättern.

1 Braun-Klee

2 Feld-Klee

Beim Braun-Klee ist der Farbkontrast zwischen den gerade geöffneten goldgelben Schmetterlingsblüten und den schokoladenbraun verfärbten Blütenkronen am Grunde des Köpfchens besonders auffällig. Keine andere einheimische Klee-Art zeigt einen so eigenartigen Farbwechsel.

1 Braun-Klee
Trifolium badium
Schmetterlingsblütengewächse
Aussehen: Klein, in Blüte sehr auffällig, rasenbildend. 5–25 cm.
Blüten kräftig gelb bis goldgelb, zu 20–50 in kugeligen Blütenköpfen. Blütenköpfe endständig oder in den Blattachseln. Blütenblätter verfärben sich nach dem Abblühen glänzend dunkel- oder schokoladenbraun und bleiben am Blütenstand. Stengel liegend oder aufsteigend, verzweigt, oft auch nur einfach. Blätter immer drei-

zählig. Fiedern ungestielt.
Blütezeit: VI–VIII.
Vorkommen: Fettweiden (→ Seite 60) und Bergwiesen (→ Seite 56) der alpinen Stufe, nur in den Alpen zwischen 1200 und 2200 m, auch in den südeuropäischen Hochgebirgen.
Bestimmungstip: Keine andere einheimische Klee-Art hat so auffällig gelb-braun gefärbte Blütenköpfe.

2 Feld-Klee
Trifolium campestre
Schmetterlingsblütengewächse
Aussehen: Klein, niederlie-

gend, rasenbildend. 5–30 cm. Blüten hell- bis goldgelb, zahlreich in sehr dichten, bis 1 cm hohen Köpfen zusammengedrängt. Blütenblätter werden nach dem Abblühen hellbraun und bleiben am Blütenstand. Stengel liegend, verzweigt. Blätter dreizählig, Endfieder deutlich länger gestielt als die Seitenfiedern.
Blütezeit: VI–IX.
Vorkommen: Magerrasen (→ Seite 50), lückige Wiesen, ziemlich häufig, vom Tiefland bis in mittlere Gebirgslagen.
Bestimmungstip: Ähnlich, aber insgesamt viel kleiner

Schmetterlingsblütengewächse

Gold-Klee

Ein wichtiges Erkennungs-
merkmal des Hopfenklees
ist das Spitzchen am Ende
der Teil-Blättchen, das beim
sehr ähnlichen Zwerg-Klee
fehlt.
Bei den echten Klee-Arten
(Trifolium) fallen die Blütenblätter nicht ab, sondern
vertrocknen im Kelch.

3 Hopfenklee

ist der **Zwerg-Klee** (*Trifolium
dubium*). Seine Fiederblätter
sind bläulichgrün und tragen
keinen vorstehenden Zahn.
Die Blütenblätter werden
nach dem Abblühen dunkel-
braun. Beim **Gold-Klee** (*Trifolium aureum*) stehen die
kräftig gelben Blüten in
dichten, bis 15 mm langen
Köpfchen. Die Blütenblätter
verfärben sich später hellbraun. Die Blättchen der
dreizähligen Fiederblätter
sind bei dieser Art alle
gleichlang gestielt. Anhand
dieses Merkmals ist der
Gold-Klee sicher vom Feld-
Klee zu unterscheiden.

3 Hopfenklee, Hopfen-
Schneckenklee, Hopfen-
Luzerne

Medicago lupulina
Schmetterlingsblüten-
gewächse
Aussehen: Klein, liegend,
einzeln oder in kleinen Rasen. 10–30 cm.
Blüten zu 10–40 dicht ge-
drängt in langgestielten
Köpfchen von halbkugeli-
gem Umriß. Blütenblätter
fallen nach dem Verblühen
ab. Stengel kantig, liegend
oder aufsteigend, verzweigt.
Blätter dreizählig. Die Fiedern tragen an der Spitze als
Verlängerung des Haupt-

nervs einen deutlichen Endzahn. Früchte (Hülsen)
schneckenartig gewunden,
ohne Dornen.
Blütezeit: V–IX.
Vorkommen: Fettwiesen (→
Seite 40), Kalkmagerrasen
(→ Seite 46), Wegränder,
von der Ebene bis in mittlere
Gebirgslagen verbreitet.
Bestimmungstip: Beim ähnlichen **Zwerg-Klee** (*Trifolium
dubium*) sind die Fiederblättchen vorn gerundet.
Der **Zwerg-Schneckenklee**
(Medicago minima) ist sehr
klein und hat kräftig gelbe
Blüten und beidseitig be-
haarte Blätter.

Schmetterlingsblütengewächse

1 Wiesen-Hornklee

2 Wiesen-Hornklee

Der Gemeine Wundklee ist sehr formenreich und blüht vom Frühjahr bis zum Herbst. Seine Blütenfarbe reicht von hellgelb über goldgelb und – vor allem im Süden des Verbreitungsgebietes – orangefarben bis fast rot.

3 Gemeiner Wundklee

1/2 Wiesen-Hornklee, Gemeiner Hornklee

Lotus corniculatus
Schmetterlingsblüten-
gewächse
Aussehen: Klein, sehr
reichästig, oft bestandsbildend. 10–40 cm.
Blüten goldgelb, an der
Spitze oft rötlich, zu 3–6 in
einer köpfchenartigen Dolde
auf langem Stiel. Schiffchen
fast rechtwinklig nach oben
umgebogen. Stengel liegend
oder aufsteigend. Blätter mit
5 Fiedern, von denen die beiden untersten dreieckig, die
übrigen mehr oval sind.
Blütezeit: V–IX.

Vorkommen: Fettwiesen
(→ Seite 38), Kalkmagerra-
sen (→ Seite 50), trockene
Raine, häufig, von der
Ebene bis ins Gebirge.
Bestimmungstip: In Naßwie-
sen kommt der ähnliche
Sumpf-Hornklee (*Lotus uligi-
nosus*) vor. Seine Bütenstän-
de tragen 8–12 Blüten, die
Schiffchen sind fast gerade.
In Salzwiesen kommt der
Schmalblättrige Hornklee
(*Lotus tenuis*) mit lineali-
schen Fiedern vor. Seine
kopfigen Blütenstände tra-
gen nur 1–4 Einzelblüten auf
sehr dünnen Stielchen.

3 Gemeiner Wundklee

Anthyllis vulneraria
Schmetterlingsblüten-
gewächse
Aussehen: Klein, meist in
Gruppen. 10–30 cm.
Blüten goldgelb, zahlreich in
breiten, halbkugeligen Köpfchen. Kelche blaßgrün oder
hellgelb. Stengel aufrecht
oder aufsteigend. Blätter mit
mehreren Fiederpaaren und
sehr großer Endfieder.
Blütezeit: V–IX.
Vorkommen: Kalkmagerra-
sen (→ Seite 50), Magerwei-
de, trockene Hänge, häufig.
Bestimmungstip: Formen-
reich.

Rachenblütengewächse

5 Zottiger Klappertopf

Der Zottige Klappertopf ist ein Halbschmarotzer, das heißt, er saugt mit seinen Wurzeln anderen Pflanzen Nährstoffe ab. Erst dann kann er Blüten treiben. Sehr formenreiche Art.

4 Gemeines Leinkraut

4 Gemeines Leinkraut

Linaria vulgaris
Rachenblütengewächse
Aussehen: Mittelgroß, sehr buschig, dicht beblättert. 20–60 cm.
Blüten schwefelgelb mit orangegelbem Fleck am Blüteneingang; Sporn nach rückwärts gerichtet, zahlreich in dichten, endständigen Trauben. Stengel aufrecht, verzweigt, kahl. Blätter wechselständig, stehen sehr dicht, schmal, etwas graugrün.
Blütezeit: VI–IX.
Vorkommen: Magerrasen (→ Seite 50), Sandfluren, auch in lückigen Krautsäumen an Wegrändern und sonnig-trockenen Böschungen. Sehr häufig vom Tiefland bis in mittlere Gebirgslagen, nur in den Alpen ziemlich selten.
Bestimmungstip: Die Blüten erinnern an kleine, gelbe Löwenmäulchen.

5 Zottiger Klappertopf ▽

Rhinanthus alectorolophus
Rachenblütengewächse
Aussehen: Mittelgroß, meist im Bestand. 20–50 cm.
Blüten gelb, mit blauviolettem Zahn an der Oberlippe; einzeln in den Achseln zottig behaarter, gleichmäßig gezähnter Tragblätter. Stengel aufrecht, behaart, wenig verzweigt. Blätter gegenständig.
Blütezeit: V–IX.
Vorkommen: Mähwiesen (→ Seite 38), Trockenrasen (→ Seite 50). Ziemlich häufig, vom Tiefland bis ins Gebirge.
Bestimmungstip: Äußerst formenreich. Bei dieser Art sind auch die bleichgrünen Kelche zottig behaart. Der **Große Klappertopf** (*Rhinanthus serotinus*) hat unbehaarte Kelche. Er kommt hauptsächlich in Feucht- und Moorwiesen vor.

Der Frühlings-Krokus blüht fast immer wie gesät.

Wiesenblumen schützen

„Die Natur hat zehntausend Farben, und wir haben uns in den Kopf gesetzt, die Skala auf zwanzig zu reduzieren", notierte der Dichter Hermann Hesse schon vor fast einem halben Jahrhundert in sein Tagebuch. Vielleicht war ihm aufgefallen, daß die Wirschaftswiesen immer eintöniger wurden, der ehemals bunte Wiesenblumenstrauß von Jahr zu Jahr ärmlicher wurde. Was vor Jahrzehnten begann, ist heute längst eine traurige Tatsache: Viele artenreiche Wiesentypen sind zu hochgradig bedrohten Lebensräumen geworden. Wiesen und Weiden wurden durch Intensivwirtschaft zu äußerst produktiven Anbauflächen, auf denen nur noch raschwüchsige Gräser und andere Wiesenpflanzen erwünscht sind. Die Vielfalt blieb auf der Strecke. Die folgenden Seiten zeigen, wie jeder wirksam helfen kann – zu Hause in seinem Garten, aber auch in der Gemeinde oder in der freien Flur.

Rettet unsere Blumenwiesen

Städte und Siedlungen, Industrieanlagen und Verkehrswege beanspruchen rund 13 Prozent der Fläche der Bundesrepublik Deutschland. Seit Jahren gehen täglich fast 150 Hektar Fläche durch Baumaßnahmen und Flächenversiegelung verloren – ein Gebiet so groß wie 300 Fußballfelder oder genügend Betriebsfläche für drei mittelgroße Bauernhöfe. Trotzdem ist die Bundesrepublik, von den großen Ballungszentren abgesehen, immer noch ein ziemlich grünes Land. Fast ein Drittel der Fläche sind von Wäldern bedeckt, und ungefähr 55 Prozent der Gesamtfläche entfallen auf die Landwirtschaft. Hiervon sind wiederum rund zwei Drittel Ackerland und das restliche Drittel Dauergrünland. Unter Dauergrünland verstehen die modernen Landwirte oder Agrartechniker Wiesen und Weiden. Keine Frage also: Wiesengelände nimmt einen großen Teil der noch nicht überbauten Fläche ein und prägt fast überall das Gesicht der Landschaft.

Zwanghafte Einöde

Die modernen, mit hochdosierten Düngergaben zur Rekordproduktion angetriebenen Gras- und Krautbestände verdienen die Bezeichnung Wiese schon fast nicht mehr. Vielfalt findet hier nämlich gar nicht mehr statt. Mehr als eine Handvoll verschiedener Pflanzenarten sind auf einer Intensivwiese oder -weide kaum noch zusammenzubringen. Nach bunten Insekten oder munteren Wiesenvögeln wird man hier ebenfalls vergeblich Ausschau halten. Vor einer solchen langweiligen Wiese stehen und bedauern, daß sie nicht mehr so bunt ist wie vor Jahrzehnten, reicht aber nicht aus. Konkret handeln und etwas bewirken, ist gefragt. Wo eine ganz große Lösung nicht möglich ist, kann man auch im kleinen helfen, daß die Artenvielfalt wieder Einzug in unsere Umwelt hält. Retten wir die Blumenwiesen zumindest stückweise.

Wege zur Blumenwiese

Zier- und Nutzrasen sind nun einmal keine echten Lebensgemeinschaften, sondern Kurzgras-Monokulturen.
Zugegeben: Eine Rasenfläche für Spiel und Sport, als Teil unseres grünen Lebensraumes am Haus oder im Garten, hat ja durchaus ihre Berechtigung. Es gibt aber leider viel zu viele Scherrasen, die nur aus dekorativen Gründen angelegt wurden und nach landläufiger Einschätzung sauber, gepflegt und vor allem einheitlich grün auszusehen haben. Manchem Rasendünger sind sogar Gifte beigemischt, die alles abtöten, was nicht Gras ist, und daher nicht einmal einem Gänseblümchen das Überleben erlauben. Nach solcher Behandlung und wöchentlichem Schnitt mit dem lautstarken Mäher wächst eine Graskultur heran, die sich anfühlt wie ein Bärenfell, aber nur so lebendig ist wie eine grüne Fußmatte. Hier setzen wir an, wenn es um die Umstellung von Grün auf Bunt geht.

Erster Schritt: Weniger bringt mehr

Eine deutliche Aufwertung erreicht man schon allein dadurch, daß man wenig oder gar nichts tut. Entlang von Strauchpflanzungen, an der Gartenmauer oder in wenig genutzten Ecken und Winkeln des Grundstücks muß der Rasen nun wirklich nicht jede Woche gemäht werden. Wo das Messer nicht ständig strenge Auslese hält, findet sich nach kurzer Zeit von selbst ein halbes Dut-

Die kleine Oase im Garten

Blumen wie im Bilderbuch.

zend Wiesenblumen ein, die schon ein wenig Farbe ins Spiel bringen, darunter Gänseblümchen, Wiesen-Klee, Wiesen-Pippau, Wiesen-Bocksbart, Margerite, Spitz-Wegerich und Wilde Möhre. Lassen Sie den Rasen einfach wachsen. Diese Methode ist zugleich die einfachste und zeitsparendste. Je seltener das Messer die Pflanzen köpft, um so eher haben die Blumen die Möglichkeit, ihre Samen ausreifen zu lassen.

• Verzicht auf Intensivpflege fördert den Artenreichtum.

• Die Umstellung kostet nichts, doch vergehen eventuell drei bis fünf Jahre bis zum bunten Blütenflor.

Die Insellösung

In einem völlig verfilzten Rasen führt die Einsaat wünschenswerter Wiesenblumen kaum zum Erfolg. Die Grasgemeinschaft hält einfach zu dicht und läßt blumigen Neulingen keine rechte Chance. In solchen Fällen benötigt

Zum Bild: Ansaat schafft nicht auf Anhieb eine Blumenwiese. Zunächst entwickelt sich oft ein Blütenflor, der mehr Gemeinsamkeiten mit den Wildkrautbeständen der Äcker und Felder hat.

die ökologische Aufwertung eine wirksame Starthilfe.

• Man kann den Rasenfilz an etlichen Stellen mit dem Einzahn oder einem schmalen Rechen (oder speziellen Vertikutiergerät) kräf-

147

tig ausdünnen und auflockern und dann gezielt Wiesenblumen einsäen.
- Wer den sichtbaren Erfolg rascher erleben möchte, sollte direkt Pflanzlöcher graben und vorkultivierte Wiesenblumen (sogenannte Container-Pflanzen aus dem Fachhandel) einpflanzen,

Wenn man je Quadratmeter Rasenfläche etwa 2–3 Wiesenstauden im Frühjahr einpflanzt, kommt noch im gleichen Sommer ein hübscher Blütenflor zustande.

Ähnlich verfährt man auch, wenn die Wiese bereits im zeitigen Frühjahr einen üppigen Blumenschmuck tragen soll: Wiesen-Primel, Krokus (Wildformen heißen im Fachhandel „Botanische Krokusse"), Narzissen oder auch Schneeglöckchen pflanzt man herdenweise bereits im Herbst.

Wiese von Anfang an

Wenn ein vorhandener Zierrasen zu nährstoffreich ist, und man nicht eine jahrelange Ausmagerung praktizieren mag, hilft nur die komplette Neuanlage:
Alte Rasennarbe entfernen und kompostieren, dann tief umgraben, bei Lehmboden etwas Sand zur Lockerung einarbeiten, glätten und neu einsäen.
Der Fachhandel bietet fertige Gemische für Blumenwiesen an. Man kann sich die Arten aber auch selbst zusammenstellen oder das feine Gekrümmel von einem Heuboden zusammenfegen, sofern das Heu von einer artenreichen, blumigen Mähwiese stammt.

Manche Mischungen enthalten auch Samen von Klatsch-Mohn, Kornblume, Saat-Wucherblume und anderen bunten Blumen – allesamt Pflanzen der Getreideäcker, aber keine richtigen Wiesenblumen.

Bei rechtzeitiger Aussaat (am besten im Herbst) ist das Ergebnis im nächsten Sommer eine ungemein prächtige, aber nur einmalige Blühwelle – bestimmt noch keine echte Wiese, aber zumindest ein sehr buntes Zwischenstadium auf dem Wege dorthin.

Ersatz-Feuchtwiesen im Garten

Überall in der freien Landschaft sind in den vergangenen Jahrzehnten durch Verkippung oder Trockenlegung vom Wiesentümpel über Flutgräben und Bachläufe bis hin zu großflächigen Mooren zahlreiche Feuchtgebiete verlorengegangen. Damit verschwanden gewiß nicht nur ein paar kleinere oder größere Wasseransammlungen, sondern äußerst interessante und artenreiche Lebensräume. Die Pflanzen- und Tierwelt, die in Feuchtgebieten zu Hause ist, füllt besonders große Teile der Roten Liste. Wir haben allerdings die Möglichkeit, die entstandenen Verluste durch Neubegründung von Feuchtbiotopen zumindest teilweise wieder wettzumachen.

Das Sumpfbeet

Ein Gartenteich mit anschließendem Sumpfbeet ist bestimmt nicht nur ein faszinierendes Gestaltungselement, sondern gewinnt für die Natur unmittelbar vor unseren Augen neue Entfaltungsräume zurück.

Wenn es die räumlichen Verhältnisse erlauben, sollte der Gartenteich immer in ein direkt angrenzendes Sumpfbeet übergehen. Solche Übergänge entsprechen am ehesten den Verhältnissen in der Naturlandschaft, wo die freie Wasserfläche an die Verlandungszone mit Röhrichtbeständen grenzt und sich oft in sehr weitläufige Naßwiesen fortsetzt.

Reicht der vorhandene Platz für diese Idealkombination aus Teich und Sumpfbeet nicht aus, kann man auch ein kleineres oder größeres dauerfeuchtes Pflanzbeet anlegen. Dabei nimmt man freilich den Nachteil in Kauf, den Wasserstand regelmäßig kontrollieren zu müssen, während das

Sumpfbeet in der Randzone eines Teichs ja von dessen Wasservorrat gespeist wird.

- Bei der Anlage des Sumpfbeets geht man im Prinzip genauso vor wie beim Bau eines Gartenteichs: Die Mulde für das Beet braucht allerdings nur 30–50 cm tief zu sein. Teichfolie dichtet den Beetboden nach unten ab.
- Anstelle der Folienlösung kann man auch ausgediente Behälter von Kübel- bis Badewannengröße eingraben und zu Kleinbeeten umgestalten.

Als Pflanzsubstrat verwendet man nährstoffreichen, möglichst lehmigen Boden von gutem Wasserspeicherungsvermögen.

- Empfehlenswerte Pflanzen für das Sumpfbeet sind Sumpf-Dotterblume, Sumpf-Vergißmeinnicht, Gelbe Schwertlilie, Sumpf-Kratzdistel, Mädesüß, Blut-Weiderich und Gilbweiderich.

Artenschutz auch ohne Wiese

Wildblumen sind in der bereinigten Flur schon fast eine Seltenheit. Wenn die Roten Listen der gefährdeten Arten nicht noch umfangreicher werden sollen, müssen wir für viel mehr Pflanzenarten Ersatzlebensräume anbieten – auch für solche, die gegenwärtig vielleicht noch häufig und zahlreich sind. Der eigene Garten wäre beispielsweise ein überaus geeigneter Ort, an dem man für den praktischen Artenschutz eine Menge unternehmen kann. Gerade auch mit mehr Wildblumen wird so mancher allzu eintönige Garten ökologisch sichtbar wertvoller.

Die ökologische Wende vom Rasen zur wiedererblühenden Wiese ist eine hervorragende Möglichkeite zur Anreicherung und Aufwertung langweiliger Flächen. Andererseits kann man attraktive Wiesenblumen auch außerhalb der eigentlichen Wiesenstandorte hegen und pflegen und dem Garten dadurch noch ein paar zusätzliche Farbakzente aufsetzen. Zwei Lebensraumtypen lassen sich dabei zur Ergänzung einer normalen, blumigen

Eine Feuchtinsel im eigenen Garten bietet die Möglichkeit, viele interessante Pflanzen in Erhaltungskultur zu nehmen, die von Natur aus in Naßwiesen zu Hause und dort unterdessen stark bedroht sind. Wichtig ist, die Feuchtzone so zu bemessen, daß sie auch im Sommer nicht in wenigen Tagen völlig austrocknet.

Aufbau eines Sumpfbeetes

Wiesenblumen schützen

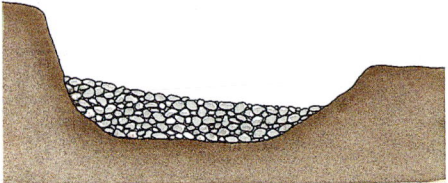

Trockenbeete leicht geneigt nach Süden oder Südwesten anlegen. Zur Drainage Erde abgraben und eine Schicht aus grobem Kies auffüllen.

Nun kann man entweder Pflanzen des Trokkenrasens oder Pflanzen der Bergwiesen (aus dem Gartenfachhandel) einsetzen oder ansäen.

Danach wieder Erde auffüllen und an der Oberfläche mit Steinen ausgestalten.

Wiese nachgestalten, nämlich Trockenbiotope und Feuchtlebensräume – jeweils bestückt mit schützenswerten Kennarten der Trocken- und Feuchtwiese.

Das Trockenbeet

Trockene Wiesen und Weiden nehmen in der Kulturlandschaft vor allem solche Flächen ein, die anderweitig nicht zu nutzen sind – zum Beispiel sonnige, sehr flachgründige und meist auch ziemlich nährstoffarme Böschungen oder Hänge.

Vergleichbare Stellen bieten sich natürlich auch auf dem Grundstück rund ums Haus an. Einfahrten, Zuwege, Pflanzflächen rechts und links von Außentreppen oder überhaupt stark hängiges Gelände sind genau die richtigen Standorte für nachgestaltete Trockenfluren. Oft können sie an solchen Stellen auch eintönige Bodendecker–Zwergkoniferen–Pflanzungen– ersetzen oder zumindest auflockern. Sanfter geneigte Hangbereiche las-

sen sich ohne nennenswerten Aufwand zu interessanten Trockenbeeten umbauen. Bei großen Geländestufen ist vielleicht eine stützende Trockenmauer sinnvoller. Beide Gestaltungselemente lassen selbstverständlich auch miteinander kombinieren. Wichtig ist beim Trockenbeet, daß der Boden auch wirklich die Lebensbedingungen eines trockenen Hanges bietet.

• Man legt das Beet am besten nach Süden oder Südwesten an, so daß die Pflanzen gut besonnt werden.

• Eine 20–40 cm mächtige Packlage aus Steinschutt oder Grobkies sorgt im Untergrund für eine gute Drainage.

• Als Pflanzerde verwendet man eine 10–30 cm mächtige Lage aus feinkrümeligem Löß oder Lehm mit Sand-

150

beimischung. Eine besonders üppige Trockenflora gedeiht auf Kalkböden. In Kalkgebieten ist die Anlage von Trockenbeeten einfacher. Im Gebiet mit mäßig sauren Böden kann man das Trockenbeet vorsichtig aufkalken. Im Gartenfachhandel gibt es dazu entsprechende Kalkungsmittel. Beachten Sie aber unbedingt die Hinweise auf den Packungen, denn je nach Ausgangsboden werden ganz unterschiedliche Kalkmengen benötigt.

- Geeignete Pflanzenarten sind beispielsweise Sonnenröschen, Karthäuser-Nelke, Esparsette, Blutroter Storchschnabel, Küchenschelle, Wundklee, Witwenblume, Stengellose Kratzdistel oder Taubenkropf-Leimkraut.
- Graben Sie keine attraktiven, seltenen oder gar geschützten Wildpflanzen am Originalstandort aus, um sie im Garten weiter zu kultivieren!

Die Trockenmauer

Die Anlage einer Trockenmauer ist etwas aufwendiger, weil sie ja nicht nur gut aussehen, sondern auch genügend standfest sein muß. Einen Teil der Fugen verschließt man mit nährstoffarmer Feinerde (Kalkgrus, Löß, kein Torf oder sogenannte Blumenerde!) und spät ein.

Raschere Erfolge bringt das Einpflanzen vorkultivierter Blumen, beispielsweise der Rundblättrigen Glockenblume oder anderer Glockenblumen-Arten, dazu auch Berg-Klee, Alpen-Aster, Steinbrech-Arten und andere blühstarke Trockenspezialisten, die der Fachhandel (Gartencenter o.ä.) anbietet.

Eine Trockenmauer baut die Verhältnisse eines natürlichen Felsens nach. Wichtig ist, die Steinpackungen schräg zu stapeln, damit sie dem Hangdruck widerstehen können. Außerdem muß zwischen den Steinen genügend Freiraum für die Bepflanzung bleiben.

Trockenmauer

Zum Nachschlagen

Arten- und Sachregister

Arten- und Sachregister

Arten- und Sachregister

Arten- und Sachregister

Die Fotografen, Impressum

Die Fotografen:
Angermayer/Pfletschinger: Seite 49 u, 86/87; Bogon: Klappe vorn, Alpen-Aster, Seite 79 re, 97 li; Burgdorf: Klappe vorn, Sumpf-Dotterblume; Cramm: Seite 135 re; Csordas: 23, 80 li; Diedrich: Seite 73 liu, 78 reo, 147; Eigstler: Seite 2/3, 124/125; 144/145; Eisenbeiss: Klappe vorn, Bergwiese, Seite 20/21, 70, 84 lio, 131 reo, 134, 140 li; Frantz: Klappe vorn, Hauhechel, 63 o; Fürst: Klappe vorn, Blutwurz; Geh: Seite 114 reu; Grossenbacher: Seite 13, Harrer: Seite 81 li; Hinz: Seite 45 u, 142 reo, 142 reu, hintere Klappe, Knabenkraut; Höhne: Seite 127 re; Horlebein: Klappe vorn, Gefranster Enzian, Wiesen-Schaumkraut, Seite 64/65, 98 reo, 105, 114 reo; Jacobi: Seite 31 u, 108 re, 118 li; Janßen: Seite 139 li; Klapp: Klappe vorn, Sumpf-Herzblatt; König: Seite 118 re, 127 li, 132 re; Körholz: Seite 140 re; Kremer: Seite 17, 93 li, 98 li; Kunz: Klappe vorn, Margerite; Labhardt: Klappe vorn, Löwenzahn, Kratzdistel, Seite 1 o, 40, 41, 55 o, 75 li, 102 li, U4 reo; Lade: Seite 80 reo, 135 liu; Lauber: Klappe vorn, Sumpf-Labkraut, Wiesen-Salbei, Seite 31 o, 37 o, 80 reu, 82 reo, 88 re, 89 li, 92 re, 112 reu, 116 re, 128 reo, 128 reu, 129 re, 131 reu, 137 reu, 139 reu, 141 li, 142 li, 143 re, Klappe hinten, Alpen-Aster, U 4 Miu; Laux: Klappe vorn, Hornklee, Seite 74 li, 89 re, 96 li, 96 reu, 97 re, 99 li, 104 li, 109 li, 110, 113 li, 138 re; Leis: Seite 139 o; Lochstampfer: Seite 99 re; Marktanner: Seite 115 li; Möhn: Seite 25, 49 o; Müller, K.F.: Seite 51, 57; Müller, W.: Seite 6, 24, 48/49, 58; Nagel: Seite 42, 47, U 4 li, 119; Neher: Seite 71 li; Papst: Klappe vorn, Wiesen-Glockenblume; Partsch: Seite 27, 117 li; Pforr: Klappe vorn, Gemeiner Augentrost, Seite 68/69, 84 re, 85 li, 93 re, 96 reo, 102 reo, 109 re, 112 reo, 113 re, 117 reo, 123 re, 130, 132 li, 133 li, 158/159, Klappe hinten, Esparsette, Trockenwiese; Pölking, G.: Seite 136 re; Quedens: Seite 30/31, 77 li, 119; Reinhard: Titelbild, Seite 44/45, 71 re, 73 re, 74 re, 83 re, 94 li, 95 re, 100, 106/107, 112 li, 116 li, 126 li, 128 li, 135 lio, 136 li, 137 reo, 137 li, 138 li, 141 re;

Reupert: Seite 92 li; Reuter: Seite 131 li; Riedmiller: Seite 4/5, 37 u, 88 li, 94 re; Rodenkirchen: Seite 1 u; Rohdich: Seite 53, 91 re, 123 li; Ruckstuhl: Seite 19, 45 o, 54/55, 82 reu, 101 li, Klappe hinten, Purgier-Lein; Sauer, F.: Seite 73 lio, 77 re, 78 reu, 85 reo; Schacht, W.: Seite 111 re; Scherz: Seite 75 re, 111 li, Klappe hinten, Feuchtwiese; Schmidt, E.: U4u; Schneiders, M.: Seite 33, 62/63; Schneiders, T.: Seite 36/37, 121 re; Schneiders, U.: Seite 90, 101 re, 114 li, 115 re, 120; Schönfelder: Seite 79 li, 95 li, 103 re, 126 re, 129 li; Schwenk: Seite 121 li; Seidl: Seite 76 li, 108 li, 122 li; Silvestri/ Brandl: Seite 143 li; Silvestris/Bühler: Seite 104 re; Silvestris/Dalton: Seite 72 li; Silvestris/Gross: Seite 91 li; Steibbe: Seite 39; Stein: Klappe vorn, Karthäuser-Nelke; Tessenow: Seite 122 re; Thamm: Seite 63 u; Thielemann: Seite 76 re, 82 li, 102 reu; Vogt, D.: Seite 103 li; Willner, O.: Klappe vorn, Tüpfelhartheu, Seite 8/9, 83 li, 84 liu; Willner, W.: Seite 78 li, 98 reu; Wisniewski: Seite 72 re; Wothe: Seite 55 u, 81 re, 117 reu, 133 re.

Der Autor:
Dr.**Bruno P.Kremer,** Botaniker und Hochschullehrer an der Universität Köln. Autor vieler erfolgreicher Pflanzen-und Naturbücher und Mitarbeiter an zahlreichen wissenschaftlichen und populärwissenschaftlichen Zeitschriften.

CIP-Titelaufnahme der Deutschen Bibliothek

GU-Naturführer Wiesenblumen: Kennenlernen, Erleben, Schützen; die wichtigsten Wiesenblumen und schönsten Blumenwiesen; mit GU-Kennfarben-Code, Ratgeber: Blumenwiese im Garten / Bruno P.Kremer. – München: Gräfe und Unzer, 1991 (GU-Naturführer) ISBN 3-7742-1357-7 NE: Kremer, Bruno P.

1.Auflage 1991
© 1991 Gräfe und Unzer GmbH, München

Redaktionsleitung: Hans Scherz
Stellvertretende Redaktionsleitung: Renate Weinberger
Redaktion: Sonnhild Bischoff
Herstellung: Petra Högg
Produktion: Johannes Schmidt-Thomé
Layout: Heide Blut, Christine Paxmann
Umschlaggestaltung: Heinz Kraxenberger
Zeichnungen: György Jankovics
Satz: L☆O☆W, München
Druck und Bindung: Stürtz

ISBN 3-7742-1357-7

Foto Seite 158/159:
Wiesen-Fuchsschwanz ▶

Trockenwiese (siehe auch Seite 50–55)

Trockenwiese mit Karthäusernelken und Wiesensalbei

Futter-Esparsette

Geflecktes Knabenkraut

Purgier-Lein

Auch sehr karger Boden kann viele bunte Blüten treiben. Eindrucksvolles Beispiel sind die Trockenwiesen auf nährstoffarmen und oft auch sehr steinigen Böden.